Tiefer Süden – Sanftes Land

A Panoramic View of Southwest Germany

Impressum:

Bibliografische Information der Deutschen Bibliothek
Die Deutsche Bibliothek verzeichnet diese Publikation
in der Deutschen Nationalbibliografie;
detaillierte bibliografische Daten sind im Internet über
http://dnb.ddb.de abrufbar.

© 2011 by Biberacher Verlagsdruckerei GmbH & Co. KG

Idee und Konzeption: Achim Zepp.
Englische Übersetzung: Nick Gordon.

Karte: Daten von OpenStreetMap –
Veröffentlicht unter CC-BY-SA 2.0

Gesamtherstellung:
Biberacher Verlagsdruckerei GmbH & Co. KG,
88400 Biberach, Leipzigstraße 26

1. Auflage · ISBN 978-3-933614-90-2

Manfred Thierer, Markus Leser

Tiefer Süden – Sanftes Land

Oberschwaben, Bodensee, Allgäu und Alb im Panorama

Manfred Thierer, Markus Leser

A Panoramic View of Southwest Germany

www.bvd.de

INHALTSVERZEICHNIS | INDEX

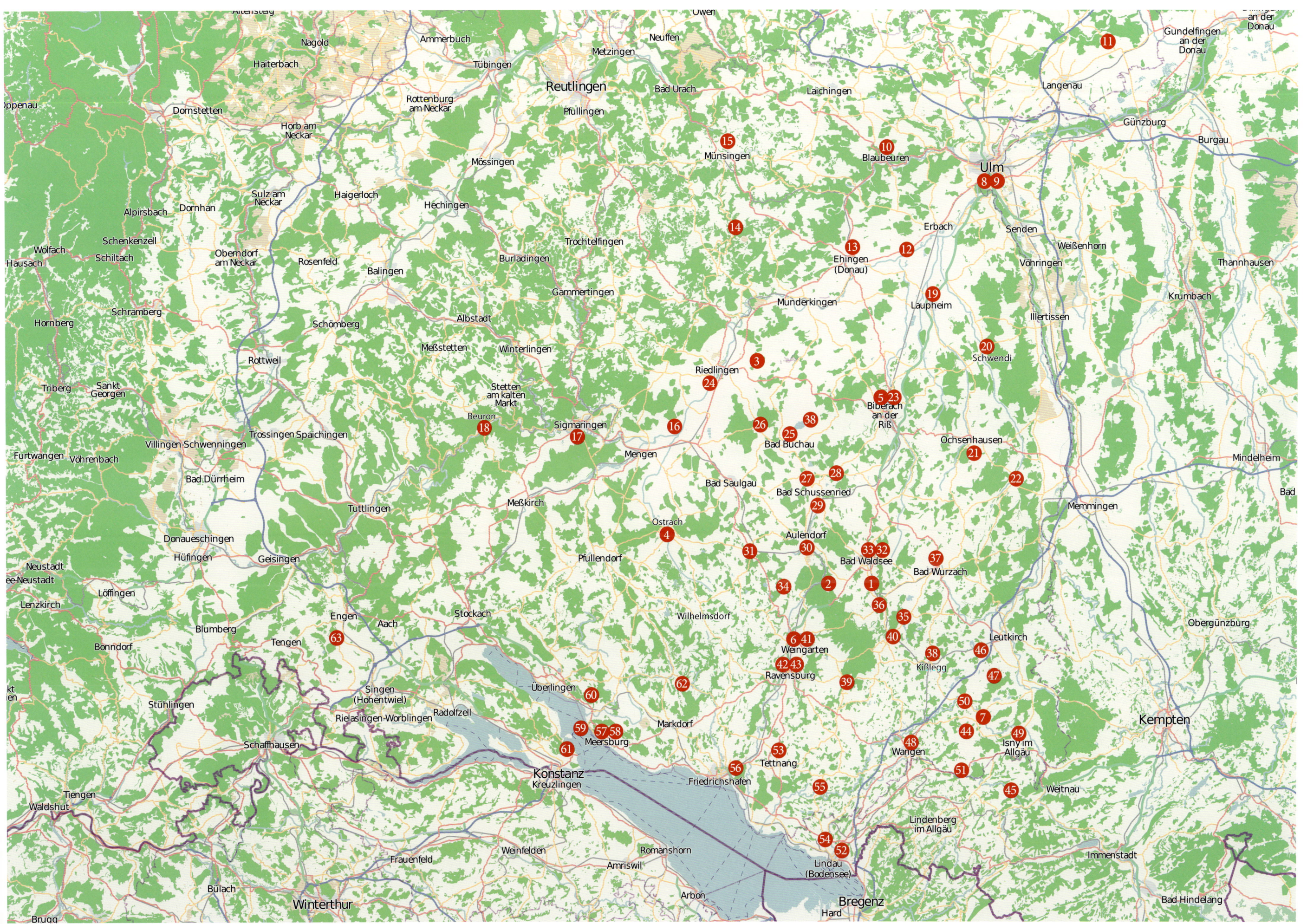

Einleitung

Wo liegt Oberschwaben? Wer hier nicht wohnt, tut sich meistens schwer mit einer Antwort. Vielleicht, weil die Gegend eine eher stille ist und die Linien der Landschaft vor den großen Bergen eher sanft sind. Vielleicht aber auch, weil es einen Staat Oberschwaben nie gegeben hat, obwohl der Begriff „Oberschwaben" schon im Jahre 1274 auftaucht, als im Auftrag König Rudolfs von Habsburg ein Amts- und Gerichtsbezirk „Suevia superior" eingerichtet wurde. Heute versteht man unter Oberschwaben im Allgemeinen das Gebiet zwischen Donau, Iller, Bodensee und der alten badischen Grenze bei Markdorf und Pfullendorf, aber die Eingeweihten wissen nur zu gut, dass das keine scharfen, fest umrissenen Grenzen sind. Die meisten Fotos des vorliegenden Buches bilden diesen beschriebenen Raum ab und ziehen auch das westliche, württembergische Allgäu mit ein. Um den Blick für landschaftliche Verschiedenheiten zu schärfen, wurden dem Buch bewusst auch einige Aufnahmen vom Donaugebiet, der südlichen Schwäbischen Alb sowie vom westlichen Bodenseegebiet mit dem Hegau eingefügt.

Der Marktplatz von Biberach als Kulisse des Biberacher Schützenfestes.

Geografisch gehört Oberschwaben zum Alpenvorland. Die Alpen bilden an klaren Tagen nicht nur die eindrucksvolle Kulisse, sondern haben entscheidend die Natur und die Kultur des Raumes geprägt. Die Bewohner fühlen das Gebirge sogar – etwa bei lauem Herbstföhn oder frischem Schneewind im Frühjahr. Die Nähe zu den Alpen ließ auch vielfältige historische Beziehungen entstehen. Von Süden her erfolgte zum Beispiel die christliche Missionierung, auch bestand lange die Schicksalsgemeinschaft mit Österreich, und nach dem 30-jährigen Krieg wanderten viele Bewohner aus den Alpenländern in das verheerte und entvölkerte Oberschwaben ein. Wichtig war stets auch der Handelsaustausch über den Bodensee.

Alpine Bezüge zeigt vor allem die Geologie. Während der Alpenfaltung im Zeitalter des Tertiärs transportierten die Flüsse Sand, Kies und Schotter aus den aufsteigenden Alpen in eine damals bestehende Senke zwischen der Schwäbischen Alb und den Alpen und füllten

sie mit bis zu 4000 Meter mächtigen Gesteinsschichten auf. Diese Schichten, in erster Linie weiche Sandsteine und Mergel, benennt man mit dem schweizerischen Ausdruck „Molasse". Am Alpenrand stehen wir hingegen vor harten betonartigen „Nagelfluhbänken"; sie bauen nicht nur die bekannte Nagelfluhkette von Immenstadt bis in den Bregenzer Wald auf, sondern bilden auch die Grate und Schluchten der Adelegg um den Schwarzen Grat – dem höchsten Berg des einstigen Königreichs Württemberg.
Aus den Bergen strömten auch die Gletscher. Sie schürften das Bodenseebecken aus und zeichneten die grundlegenden Konturen des Landes. Vier große Vorstöße waren es – in der Günz-, Mindel-, Riß- und Würmeiszeit. Diese Reihenfolge hat man in der Schule gelernt. Und es erfüllt die Einheimischen mit Stolz, dass die Geschichte der Eiszeiten gerade hier im schwäbischen Alpenvorland wissenschaftlich begründet wurde. Insbesondere mit seinem letzten Vorstoß formte der Rheingletscher

das lebhafte Relief des südlichen Oberschwabens und schuf ein reizvolles Auf und Ab von Moränenhügeln, Kuppen und Senken. Merkwürdig darunter die eingestreuten Drumlins: Das sind sanft gewellte Hügel ovaler Grundform – gesellig nebeneinander, auf Lücke versetzt. Nach dem Abschmelzen des Eises füllten sich die Senken mit Wasser, ein Land der Seen, Weiher, Moore und Feuchtgebiete entstand. Wahrlich amphibische Gebiete mit reicher Fauna und Flora sind das Pfrunger-Burgweiler Ried, nach dem Federsee das zweitgrößte zusammenhängende Moorgebiet Südwestdeutschlands, und das Wurzacher Ried, das schon mehrfach vom Europarat mit dem Europadiplom ausgezeichnet wurde, eine Art Nobelpreis für praktizierten Naturschutz. Nördlich davon zeigt das Land eher weiträumige Formen. Sie entstanden durch Ablagerungen älterer Eiszeiten, waren somit länger der Verwitterung und der Erosion ausgesetzt. An der Donau und nördlich von ihr treffen wir auf

ganz anderes Land: helle Kalke, schroffe Felsen, trockene Wacholderheiden. Zum Wesen dieser Landschaft gehört ihre Vielgestaltigkeit. Die Fahrt von den Albbergen zu den „richtigen" Bergen hinter dem großen See ist ein ästhetischer Genuss.

Auch das unterirdische Oberschwaben ist gut untersucht. Thermalwasser, auf der Suche nach Erdöl an vielen Stellen gefunden, sprudelt unermüdlich – die oberschwäbischen Bäder profitieren davon. Und die mächtigen Kies- und Schotterpakete lassen sich ebenfalls gut vermarkten.

Der frühe Mensch hat die Wechselbäder von Eis- und Warmzeiten erlebt. Weltweite Beachtung fanden die Grabungen in den Höhlen des Lonetals und des Blautals nördlich und westlich von Ulm: Hier sind die ältesten figürlichen Kunstwerke der Menschheit und die ältesten von Menschen gefertigten Musikinstrumente gefunden worden. Einzigartig darunter die

Statuette des „Löwenmenschen" oder die rund 40 000 Jahre alte „Venus vom Hohlen Fels". Sogar im unmittelbaren Vorfeld des Gletschers an der Schussenquelle jagten vor 15 000 Jahren unsere Vorfahren das Rentier und andere Beute. Auch der Bodensee zog früh Menschen an, das Pfahlbaumuseum in Unteruhldingen dokumentiert das anschaulich. Vorgeschichtliche und keltenzeitliche Funde häufen sich auch an Federsee und Donau. Sensationell diejenigen von der Heuneburg, oberhalb der Donau gelegen. Den Kelten folgten die Römer, von denen jedoch spektakuläre Funde fehlen. Um 260 nach Christus durchbrachen die Alemannen den Limes. Sie ließen sich zunächst in den agrarischen Gunstgebieten nieder; auf -ingen und -heim endende Ortsnamen weisen auf frühe Gründungen hin. Der Landbedarf wuchs jedoch, auch höher gelegene Gebiete wie das Allgäu mussten kultiviert werden. Endungen wie „-reute", „-weiler" oder „-hofen" kamen jetzt in

Mode. Von der Schweiz und vom Bodensee her christianisierten im 6. und 7. Jahrhundert iroschottische Mönche das Gebiet. Die im Jahr 2000 errichtete Galluskapelle an der Autobahn bei Leutkirch erinnert neben vielen anderen Kunstwerken heute noch an diese frommen Männer. Wie überall in Deutschland kam es im 13. und 14. Jahrhundert zur Gründung von Städten, viele gehen auf die Staufer zurück. Elf davon erlangten den Rang einer Reichsstadt: Ulm, Biberach, Ravensburg, Buchhorn (heute Friedrichshafen), Lindau, Überlingen, Buchau, Memmingen sowie die drei Allgäustädte Isny, Leutkirch und Wangen. Reichsstädte hatten keinen Herren über sich und waren nur dem Kaiser oder König unmittelbar unterstellt, verfügten somit über politische Spielräume nach innen und außen. Weniger renommiert waren die Landstädte – die meisten zu Vorderösterreich gehörend, wie etwa Munderkingen, Riedlingen, Saulgau, Waldsee oder Ehingen. Ihr Los konnte es sein, von der vorderösterreichischen Regierung bei Geldnot an eine andere Herrschaft verpfändet zu werden.

Die Herstellung und der Vertrieb von Leinwand, später auch dem geschmeidigeren Barchent, schufen den Wohlstand der Städte. Oberschwäbische Kaufleute streckten ihre Fühler in die Welt – waren mit Niederlassungen und Agenturen in Venedig genauso präsent wie in Brügge, Valencia oder Lübeck. Man organisierte sich in der Großen Ravensburger Handelsgesellschaft, den Global Players des späten Mittelalters. Alljährlich lebt im Ravensburger Rutenfestumzug diese glorreiche Epoche fort. In allen Städten wuchs eine Schicht selbstbewusster und wohlhabender Bürger heran. Von ihrem satten Reichtum zeugen die stattlichen Bürgerhäuser mit ihren Gewölben und Lauben, ihren Rathäusern, Kirchen und Kapellen, Türmen und Toren, Korn- und Zunfthäusern, Mühlen und Spitälern, Einrichtungen, die auch heute noch ihren Charme verströmen. Führendes Handels- und Kunstzentrum und Vorort des Schwäbischen Städtebundes war das reiche Ulm. Dieses strotzte nur so vor Selbstbewusstsein, der kühne Bau des Münsters ist beredtes Beispiel dafür. Mit den Wirren der Reformation, den Verheerungen des 30-jährigen Krieges und den Verlage-

Spieltisch der monumentalen Gabler-Orgel in der Basilika von Weingarten.

rungen der europäischen Handelswege nach der Entdeckung der Neuen Welt kam es in den Städten zu wirtschaftlichen Einbrüchen. Das ist auch der Grund, warum dort relativ wenige barocke Bauten zu sehen sind. Die Träger der Barockisierung waren vielmehr die Klöster, denen es damals wirtschaftlich besser ging als den Städten. Viele waren reichsunmittelbar, besaßen große Territorien, wie etwa Wiblingen, Ochsenhausen, Schussenried, Weingarten und Salem. Man öffnete sich den Wissenschaften, der Dichtung, der Musik und dem Schauspiel. Die Prälaten hielten alle Fäden in der Hand, entschieden über Wohl und Wehe der Untertanen, kümmerten sich um die wirtschaftlichen Belange – und um die Heerschar der beschäftigten Künstler und Handwerker. Mit prächtigen Bauten wollten sie nicht nur Gott die Ehre geben, sondern auch den Status des Erbauers und die Bedeutung ihres Klosters veranschaulichen. Das wohl reichste und berühmteste war Weingarten: 1200 Höfe mit etwa 11 000

Einwohnern gehörten zu ihm. Es ist 1056 als Hauskloster der mächtigen Welfen entstanden. Diese schenkten dem Gotteshaus eine heilige Blutreliquie, worauf eine bedeutende Wallfahrt und später die prächtige Reiterprozession des Blutritts einsetzten. Hoch oben auf dem Martinsberg thront Deutschlands größte Barockbasilika.

Das Land zwischen Alb und Bodensee war im Alten Reich territorial zersplittert wie kaum ein anderes in Deutschland: Neben den geistlichen Herrschaften bestanden die Gebiete des hohen und des niederen Adels. Es waren so viele Herren, dass der bayerische Minister Montgelas einmal spöttisch bemerkte, in Oberschwaben könne man nirgendwo auf einen Fleck speien, ohne einen Reichsgrafen oder unmittelbaren Reichsritter zu treffen. Mancher von diesen saß im nördlichen Oberschwaben – etwa die von Welden in Laupheim oder die von Castell in Oberdischingen. In Sigmaringen regierte die schwäbische,

katholisch gebliebene Linie der Hohenzollern, 1623 zu Fürsten erhoben. Im Süden hatten die Truchsessen von Waldburg das Sagen. Ihre gut erhaltenen, zum Teil heute noch bewohnten Residenzen in Bad Waldsee, Bad Wurzach, Wolfegg, Zeil und Neutrauchburg lohnen allemal den Besuch. Auch der Deutsche Orden besaß das eine oder andere Fleckchen, etwa das im idyllisch an der Argen gelegene Schloss Achberg, heute ist es ein exzellentes Kunstforum. Unter all den Herren war Österreich tonangebend – der Doppeladler mit Schwert und Zepter in den Fängen ist heute überall noch präsent. Wichtige Verwaltungssitze der österreichischen Vorlande bzw. Vorderösterreichs waren Stockach und Altdorf (ab 1865 Weingarten). Den Habsburgern gelang es zwar nie, ein abgerundetes Terrain in Oberschwaben zu erwerben. Aber ihr Einfluss war groß. Durch ihr Zutun verhinderten sie im größten Teil des Gebiets die protestantische Lehre. Nur in den Reichsstädten fasste sie Fuß,

zum Beispiel in Ulm, Memmingen, Leutkirch oder Isny. Ravensburg und Biberach waren dagegen paritätisch verfasst, nutzten sogar Kirchen gemeinsam. Mag das Mit- und Nebeneinander, zuweilen auch ein Gegeneinander in der einstigen Kleinstaatenwelt belastend gewesen sein, aus heutiger Perspektive war es ein Gewinn, denn die meisten der Herrschaften hinterließen ein großartiges Erbe, heute noch sichtbar in der baulichen Hinterlassenschaft. Man hatte sich vor allem im Barock von der Bauwut infizieren lassen und baute die Residenzen um und aus. Oft bis zum Ruin. Bestes Beispiel sind die Grafen von Montfort, die sich in Tettnang einen Schlossbau vom Feinsten gönnten – aber zu wenig Geld hatten. So fiel die Grafschaft 1780 an die Habsburger. Zu Beginn des 19. Jahrhunderts ist dieses politisch zersplitterte Gemenge zwischen Donau und Bodensee von Napoleon beseitigt worden. Mit der Säkularisation 1803 und der Mediatisierung drei Jahre später verschwinden geistliche und weltliche Herrschaften von der politischen Landkarte. Ihre Gebiete erhielten die mit Napoleon verbündeten Vasallen Baden, Württemberg und Bayern, den größten Teil das Königreich Württemberg. Nur Hohenzollern blieb aus verwandtschaftlichen Gründen unangetastet.

Aber nochmals zurück zum Barock. Oberschwäbisches Land ist barockes Land. Diese Epoche prägt bis heute ein Stück weit die Landschaft und das Leben der Menschen. Wegzeichen und Koordinaten darin sind die unzähligen Kapellen, Bildstöcke und Feldkreuze – „Notrufsäulen" seit alten Zeiten, uralte Beweise des Vertrauens auf Gott und die Heiligen. Wie Scherenschnitte in der Landschaft wirken die eindrucksvollen Arma-Christi-Kreuze im Allgäu. Auf dem Gebiet der Großen Kreisstadt Leutkirch wachsen beispielsweise über 250 Weg- und Feldkreuze aus dem Boden, im ganzen Landkreis Ravensburg lassen sich 360 Kapellen aufsuchen, davon allein 20 seit dem Zweiten Weltkrieg erbaute. Wo gibt es mehr? Barockes manifestiert sich auch in der Heiligenverehrung. Viele der Gläubigen stehen noch zu „ihren" Heiligen, begehen die Namenstage, nehmen „hoch zu Ross" an den Umritten zu Ehren der Heiligen Leonhard, Wendelin und Georg teil. Die Glaubensverbundenheit äußert

Säuling · Zugspitze · Grünstein · Blutspitze · Aggenstein · Gimpel · Rote Flüh · Einstein · Litnisschrofen · Lailachspitzen · Gaishorn · Rauhorn · Kugelhorn · Kastenkopf · Grünten · Nebelhorn · Rauheck · Höfats · Marchspitze · Großer Krottenkopf · Fallerbacherspitze · Wetterspitze · Kratzer · Feuerspitze · Vordere Seespitze · Trettachspitze · Mädelegabel

Leutkirch mit spektakulärem Alpenpanorama.

sich ebenso in den Wallfahrten, den immer noch gefüllten Kirchen an Sonntagen und in Rekordergebnissen bei kirchlichen Spendenaktionen.

Auch beim profanen Feiern lässt man hierzulande keine Gelegenheit aus, etwa beim „Nabada" in Ulm, beim Bächtlefest in Bad Saulgau oder beim Seehasenfest in Friedrichshafen. Die „Fasnet" erlebt Höhepunkte besonders in den ehemaligen vorderösterreichischen Städten. Das Biberacher Schützenfest und das Ravensburger Rutenfest sind herausragende Beispiele für die Heimat- und Kinderfeste. Aber auch in den anderen Städten sind traditionelle Feste (und nicht die schnelllebigen Events) die Höhepunkte im Jahreskreis, der Inbegriff für Heimaterleben und unbeschwertes Feiern. Allein in Biberach versetzt das Schützenfest die Stadt für zehn Tage in Ausnahmezustand. Unvergessene Erlebnisse beschert dabei das „Schützentheater". Überhaupt zeichnet eine überragende Theatertradition diese Stadt aus. Erstmals ist hier in deutscher Sprache ein Shakespeare-Stück aufgeführt worden. Irgendwie scheint die barocke Lust am Schauen und an der Selbstdarstellung wach geblieben zu sein. Die Theaterleidenschaft der Oberschwaben und der Allgäuer ist bekannt. Manifest wird sie etwa in Eglofs-Argenbühl. Hier wird alljährlich die eigene Geschichte im Theater gespielt, im Dialekt versteht sich. Eine vergnügliche barocke Mitgift!

Es wird aber auch „g'schafft" in diesem Landstrich. Selbstverständlich immer noch in der Landwirtschaft, die trotz der gewaltigen Umbrüche der letzten Jahrzehnte die Kulturlandschaft heute noch bestimmt. Die „Hornbauern" schaffen im Süden, die „Kornbauern" im Norden. Acker, Weinberg und Stall liefern Getreide, Milch, Fleisch, Gemüse, Obst und Hopfen, die Wochenmärkte in den Städten spiegeln diese Vielfalt. Je mehr man sich dem milden Bodensee nähert, umso reicher ist der Tisch gedeckt. Nirgendwo im Südwesten wird so viel Vieh gehalten wie im württembergischen Allgäu und so viel Käse erzeugt wie in dieser Ecke, auch nirgendwo – so beteuern die Erzeuger – ein so exzellenter Hopfen wie um Tettnang. Noch in den 1950er- und 60er-Jahren galt Oberschwaben als überwiegend ländlicher

Mit der Fähre auf die Insel Mainau im Bodensee.

Raum, in dem die Uhren langsamer zu gehen schienen. Doch man hat inzwischen aufgeholt, die Wirtschaftsstruktur ist vielfältig geworden, sogar in manchen Dörfern hat sich Industrie niedergelassen. Die Daten sind durchweg positiv, die Arbeitslosenquote zählt bundesweit zu den niedrigsten. Die Industrie reicht vom kleinen, aber feinen Betrieb bis zum global vernetzten Hightech-Unternehmen. Ein vielseitiger Mix von Industriebranchen und leistungsfähigen Handwerksbetrieben sorgt auch in Krisenzeiten für eine gewisse Stabilität und einen attraktiven Arbeitsmarkt: Da wohnen und arbeiten, wo andere Urlaub machen! Die wirtschaftlichen Schwergewichte liegen in der Donau-Riß-Schussen-Bodensee-Achse mit den überragenden Zentren Ulm, Biberach, Ravensburg und Friedrichshafen. Früher Katalysator war hier die in der Mitte des 19. Jahrhunderts gebaute Schwäbische Eisenbahn. Die Produktpalette reicht von riesigen Papiermaschinen und himmelwärts strebenden Kränen bis zu klitzekleinen Maschinen- und Elektronikartikeln. Das blaue Dreieck

mit dem Schriftzug „Ravensburger" ist weltbekannt, Pioniergeschichte der Luftfahrt wurde am Bodensee geschrieben, überdurchschnittlich ist die Zahl der Tüftler und der Patentanmeldungen.

Die schöne Landschaft, das reiche historische Erbe – und wohl auch die gute Küche ziehen viele Gäste hierher. Häufig besucht wird natürlich der Bodensee mit seiner mediterranen Leichtigkeit, besonders schön ist es dort im Frühjahr, wenn die Obstbäume das Land in ein Blütenmeer verwandeln. Magnete sind aber auch die Heilbäder und Kurorte mit ihren Thermalquellen: Aulendorf, das Biberacher Jordanbad, Überlingen, Friedrichshafen, Bad Buchau, Bad Saulgau, Bad Waldsee und Bad Wurzach. Ungewöhnlich hoch ist auch die Dichte an sozialen Einrichtungen, weithin bekannt die Zieglerschen Anstalten in Wilhelmsdorf und die Stiftung Liebenau bei Meckenbeuren. Gesundung und Wellness sind das eine, die zahllosen kulturellen Sehenswürdigkeiten das andere. So hat jede der Städte ihren besonderen Charakter, überrascht durch Tradition – und

Moderne. Man kann sich auch an den stolzen Adelssitzen sowie den Kirchen, Klöstern und Kapellen begeistern, deren Pracht von weither leuchtet. Vor allem die Klöster setzen mit ihren sakralen Bauten, mit Bibliotheken, Fruchtkästen und Mühlen große Zeichen. Jeder Orden folgte anderen Programmen, verehrte „seine" Heiligen, unterschied sich durch das Habit seiner Angehörigen. Das reiche barocke Erbe hat die Touristiker verpflichtet: Sie riefen 1966 die „Oberschwäbische Barockstraße" ins Leben. Die ausgeschilderten Routen führen kreuz und quer durch das Land – das Hinweisschild mit dem gelben Engelkopf auf blau-grünem Grund ist allgegenwärtig. Von überall her fahren die Kunstfreunde, um ihm nachzugehen. Gehen auch Sie mit auf Entdeckungsreise!

Introduction

Where is Upper Swabia? People who don't live here often find the question hard to answer. Perhaps this is because the landscape is so tranquil and because the mountains aren't so jagged and severe. Also, Upper Swabia was never an independent country. Geographically, Upper Swabia is a part of the Alpine foothills. On clear days, the Alps not only form the region's background but have also had a profound influence on the nature and culture of the area. The beautiful landscape, the rich historical inheritance and also the delicious cuisine draw many here. Many people visit Lake Constance to enjoy its Mediterranean climate. The lake is particularly beautiful in spring when the fruit trees transform the area into a sea of blossom. Other big attractions in Upper Swabia are the health resorts and spa towns with their thermal springs. On one hand there are health resorts and spas, and on the other hand there are innumerable cultural attractions to be seen. Each individual town and city in the region has its own unique character: a fine

balance between the traditional and the modern. There are proud aristocratic residences, as well as churches, abbeys and chapels to be enjoyed and whose majesty shines both far and wide. The rich baroque inheritance of the region led to the establishment, in 1966, of the Upper Swabian Baroque Route. This signposted route crisscrosses the countryside and it seems that the sign with the angel's bust on a blue-green background is almost omnipresent. Art lovers come from near and far to travel the Baroque Route. You too, are invited to embark on this voyage of discovery.

1 | Volkertshaus, Kapelle
Landschaft und Kunst im Einklang

Gemälde sollte man stets mit einem gewissen Abstand betrachten. So erschließt sich ihr Inhalt ganzheitlich. Mit Landschaften verhält es sich genauso. Man muss sich den Überblick verschaffen. Die Endmoränengirlande, die sich von Bad Waldsee nach Wolfegg zieht, verhilft dazu und zeigt das Jungmoränenland in seiner ganzen Beschaulichkeit. Immer in einer ähnlichen Abfolge: Sanft hebt und senkt sich das Land mit Hügeln und Senken im Vordergrund, dann einige lang gezogene, dunkle, bewaldete Bergrücken und als ferner Abschluss die Alpengipfel. An klaren Tagen, wenn der trockene Föhn von den Alpen fegt, zeigen sich die Formen der Landschaft mit scharfen Konturen. Jetzt im Herbst haben die Gipfel – hier sind es die Allgäuer und Vorarlberger

Berge – schon ihr weißes Gewand angelegt. Immer können wir in diesem Landstrich irgendwo eine Kapelle entdecken, mitten im Dorf oder in einem der kleinen Weiler, manchmal einsam an einem Feldweg, manchmal im Schatten eines mächtigen Baumes, mitunter an prominenter Stelle auf einem Moränenhügel. Jedem Eiligen und Getriebenen ist anzuraten, bei einer solchen frommen Stätte anzuhalten und eine Pause zum Nachdenken oder Beten einzulegen. Schon gar nicht achtlos vorbeifahren sollte der Rastlose an einer so einladenden Kapelle, wie sie das Foto abbildet. Es ist die Kapelle in Volkertshaus, malerisch thronend auf steilem Moränenbuckel, knapp fünf Kilometer von Bad Waldsee entfernt. Jedes Buch und jeder Führer über Oberschwaben

preist dieses kleine Gotteshaus. Sein Patron ist der heilige Mauritius, der mittelalterliche „Reichspatron". Er wird wegen seines Namens und seiner Herkunft oft als „Mohr" dargestellt. Im Innern der Kapelle geht einem das Herz auf, man fühlt sich in ein uraltes, geheimnisvolles Heiligtum versetzt. Das Schiff ist romanisch, der Chor gotisch, der Turmaufsatz barock – gleichwohl fügen sich die Stile zu einem harmonischen Ganzen. Fürwahr, selten kann die Synthese von Landschaft, Architektur und Kunst so eindrucksvoll erlebt werden. Abseits aller hektischen Betriebsamkeit.

1 | Volkertshaus, Chapel
Art and Landscape in Harmony

When looking at a painting, one should stand a certain distance away in order to appreciate it in its entirety. With landscapes the same is true. One should be provided with a panorama. Viewing the garland of moraines that stretch from Bad Waldsee to Wolfegg, from a distance, allows the viewer to appreciate the true beauty and tranquility of the moraine country. Moraine country often follows a similar pattern. The landscape gently rises and falls with hills and depressions in the foreground, followed by an extended, thickly wooded mountain crest, and finally the Alps in the distance. Approximately five kilometers from Bad Waldsee, this chapel in Volkertshaus is picturesquely perched upon a steep moraine. Inside the chapel one feels as if one is in some kind of ancient sanctuary.

2 | Durlesbach

„Auf dr Schwäb'scha Eisenbahna"

Mit Inbrunst singen die Schwaben – und jene Leute, die die Schwaben ärgern wollen – das Lied von der „Schwäb'schen Eisenbahn". Es erzählt von den vielen Haltstationen und dem einfältigen „Bäuerle", das „a Billettle" löst, den mitgeführten Geißbock an „da hindre Wage" bindet und danach seine Ruhe und seine Pfeife haben will. Alsdann spielt ihm das neue technische Teufels- werk übel mit …

Erstmals schmetterten wohl Tübinger Studenten um die Mitte des 19. Jahrhunderts das Trulla- trulla-trulla-la. Damals hielt die Eisenbahn ihren Einzug im Land. Vom Jahre 1844 an baute das Königreich Württemberg von Cannstatt aus die Südbahn, die Schwäbische Eisenbahn. In

einem Wettlauf sondergleichen wird versucht, vor den Bayern im warmen Süden zu sein. Und man gewinnt. Am 29. Juni 1850 kann der erste Zug durchgehend an den Bodensee fahren, in die königliche Sommerresidenz Friedrichshafen. Die Überquerung der Schwäbischen Alb gilt bis heute als eine technische Meisterleistung, ebenso das schnelle Bauen der Trasse von Ulm zum Bodensee. An mehreren Stellen war gleichzeitig gearbeitet worden. So konnte der Schienen- strang Ravensburg–Friedrichshafen schon 1847 als „Inselbetrieb" eröffnet werden, das gesamte Eisenbahnmaterial, auch die 16 Tonnen schweren Lokomotiven und die Wagen, mussten von der damaligen Endstation Süßen aus mit Fuhrwerken nach Ravensburg transportiert werden. Technisch

schwierig war der gefällreiche Abschnitt durch den Schussentobel, dieses wilde, enge Waldtal, in dem zu Beginn des 19. Jahrhunderts noch Wilderer und Räuber ihre Schlupfwinkel hatten. Und hier, weitab von der nächsten Ortschaft, entstand die Station Durlesbach, benannt nach dem Durlesbach, den die Arbeiter beim Bau der Trasse unzählige Male durchwaten mussten.

„Schtuaget, Ulm und Biberach, Meckabeura, Durlesbach" – die Kenner wissen um die falsche Reihenfolge, aber der Reim will es so. Und es gab natürlich weit mehr Haltestellen als im Lied aufgezählt. Möglichst viele Bürger sollten an dem neuen Verkehrsmittel teilhaben. Mancher Fahrgast in Durlesbach besuchte das über dem

Tal gelegene Kloster Reute. Nach Beschwerden der Äbtissin über den zu kleinen und verrauchten Saal dritter Klasse wurde der Bahnhof 1897 um ei- nen Wartesaal zweiter Klasse erweitert. 1911 ent- stand sogar ein neuer Bahnhof: mit einem Hauch von Jugendstil, üblicherweise außen mit Holz- schindeln, innen die drei Wartezimmer mit Fisch- gratparkett belegt. Oben wohnte der Stationsvor- steher, in der Dachkammer der Weichenwärter. Unsere Zeit brachte das Ende der kleinen Bahnhöfe. Aus ihnen wurden Haltepunkte, und schließlich hielt kein Zug mehr an – auf dem Foto braust ein IC durch, leider nur einmal am Tag. Mit dem Sommerfahrplan 1984 trifft es auch Dur- lesbach, der Bahnhof verwahrlost. 2003 erwirbt ihn ein Privatmann, saniert ihn und eröffnet

darin ein Café. Eine bronzene Figurengruppe mit Bauer, Geißbock und Kondukteur erinnert an vergangene Eisenbahnromantik – und an das Lied mit dem mitreißenden Trulla-trulla-trulla-la.

2 | Durlesbach

"On the Swabian Railroad"

With heart and soul the Swabians, and those who wish to tease them, sing "The Swabian Railroad Song". Apparently it was a bunch of students from Tübingen, around the middle of the 19th century, who first blared out the "Trulla-trulla-trulla-la". In those days, the railroad was only just beginning to establish itself in the kingdom of Württemberg. In 1844 the kingdom of Württemberg began construction, of the Southern Railroad from Cannstatt, the Swabian Railroad. In a race without comparison, the Wurttemberges attempted to construct a rail line in order to reach the royal summer residence in Friedrichshafen before the Bavarians could do the same. The race was won. On the 29th of July, 1850, the first train reached the Lake of Constance. 134 years later, in the summer of 1984, the Durlesbach station was abandoned, and subsequently sank into a sad state of disrepair. In 2003, the station was acquired by a railway enthusiast who opened a café there. A group of bronze figures, a farmer, a billy goat, and a conductor serve to remind us of the "Railroad Romance" of a bygone era, and of the song with the ever-rousing "Trulla-trulla-trulla-la".

„Heiliger Berg Oberschwabens"

Der Bussen gilt als der „Heilige Berg Oberschwabens". Dieses Attribut drückt die Achtung der Bewohner für den weithin sichtbaren Berg aus. Er bildet mehr als eine beliebige Landmarke, ist vielmehr ein Identifikationssymbol für die oberschwäbische Heimat. Vom Herrschaftssitz ist er im Lauf der Jahrhunderte zum „Heiligen Berg" geworden. Tausende kommen herauf, um vor dem altehrwürdigen Bildnis der Schmerzhaften Muttergottes zu beten und ihre Sorgen und Nöte vorzutragen. Die drei Franziskanerinnen vom Kloster Sießen, die oben das Geistliche Zentrum Bussen betreuen, sind um die Aussicht zu beneiden. An Föhn- oder klaren Wintertagen liegt Oberschwaben zu Füßen, das „Brotland" (Getreideland) im Norden, das „Millland" (Milchland) im Süden, dahinter die Kulisse der Alpen, vom Karwendel bis zum Berner Oberland. Der Dichter Wilhelm Schussen redete sich als Bub

sogar ein, vom Bussen aus Schiffe auf dem Schwabenmeer, dem Bodensee, zu sehen. Mit 767 Metern ragt der Bussen mehr als 200 Meter über die Umgebung hinaus, als erhabener Berg wird er einmal gepriesen. Es ist eher ein langer Bergrücken. Maria Menz, die Dichterin, nennt ihn „breitschäftig". Und der Bussen zeigt eine vielfältige Geschichte, schon seit der Bronzezeit dürfte er besiedelt gewesen sein. Sagen ranken sich um den Berg, etwa die vom Schatz im Berg, bewacht von einer uralten Spinnerin oder vom Schimmelreiter mit blitzender Rüstung. Hoch oben steht die weithin sichtbare Pfarr- und Wallfahrtskirche. Von der alten Burg – oder waren es zwei oder gar drei? – sind nur noch klägliche Reste da, der gestutzte Bergfried dient heute als Aussichtsplattform. Man ist sich gewiss, dass hier oben schon heidnische Kult- und Siedlungsstätten bestanden.

Geologisch fällt der Berg etwas aus der Reihe. Er besteht aus Oberer Süßwassermolasse, wobei ein widerständiger Deckel aus Kalk die darunterliegenden weichen Schichten bislang vor völliger Abtragung bewahrt. In der Riß-Eiszeit, als der Rheingletscher sogar bis zur Donau vordrang, ragte der Gipfel aus dem Eis hervor. Nur die Flanken des Berges sind damals vom Eis abgeschliffen worden.

Und noch etwas macht den Bussen liebenswert. Es ist der bis heute lebendige Brauch, in einem Lädele am Weg zum Gipfel ein „Bussenkindle" aus Zucker zu kaufen und von der Wallfahrt heimzubringen. Vor allem kinderlose Ehepaare erhoffen sich dadurch fruchtbaren Segen. Die „Kindle" mit dem blauen Aufkleber sollen Buben geben, die mit Rosa Mädchen. Immer schon hat der Glaube Berge versetzt!

Upper Swabia's "Holy Mountain"

The Bussen is deemed to be the "Holy Mountain" of Upper Swabia. The inhabitants of the area all confirm the imposing mountain's attributes. The Bussen is much more than just a landmark; it is more a symbol of the Upper Swabian homeland. From its origins as a seat of the aristocracy, over the passing centuries it became known as the "Holy Mountain". Thousands come to the mountain to pray and present their troubles and worries to the stately effigy of the Virgin Mother. That there were once heathen cults and settlements upon the mountain is certain. At a height of 767 meters the Bussen towers over 200 meters above its surroundings. On clear winter days Upper Swabia seems to lie at your feet with grain country to the North, dairy country to the South and the Alps forming a backdrop behind you from Karwendel to the uplands of Bern.

Steinreiche Landschaft

Geologen denken gewöhnlich in Jahrmillionen. Oberschwaben ist für sie eine äußerst junge Landschaft. Den letzten Schliff erhielt das Land zwischen Donau und Bodensee erst vor 15 000 bis 20 000 Jahren, das gilt als geologischer Wimpernschlag. Der aus den Alpen kommende Rheingletscher drückte damals dem Land seinen Stempel auf und hinterließ die wohlgeformten Proportionen von Moränen, Drumlins und weichen Senken. Gleichzeitig hat er für reiche Kiesvorkommen gesorgt. Als Kies bezeichnet man alles Material von 0 bis 30 mm Durchmesser, bei Größen von mehr als 30 mm spricht man von Schotter. Oberschwaben ist reich an Kies, steinreich sozusagen. Kies kann sogar exportiert werden, etwa in die Schweiz oder ins Unterland, jenseits der Schwäbischen Alb. Der sprunghaft wachsende Bedarf in den 50er- und 60er-Jahren im Hochbau und im Straßenbau ließ überall Kies- und Schotterwerke entstehen. Vor allem in den mächtigen Kieskörpern der Talauen entstanden Gruben im Nasskiesabbau mit ausgeklügelten Wasch- und Sortieranlagen, um verschiedene Körnungen anbieten zu können. Das Foto zeigt eine riesige Ent-

nahmestelle nördlich von Ostrach. In den ausgebeuteten Arealen bleiben Löcher und Baggerseen zurück. Den Naturschützern sind sie oft ein Dorn im Auge, schließlich kann der Abbau die meist unter dem Kies lagernden Grundwasservorräte gefährden. Andererseits bieten die Baggerseen in der Nähe von Städten attraktive Bademöglichkeiten; die Becken können auch ökologische Ausgleichs- und Regenerationsräume bilden. Mächtige Pakete an Kies und Schotter entstanden vor allem an den Eisrändern, wo der Gletscher sein aus den Alpen geführtes Gesteinsmaterial als Moränen ablagerte. Das von hier abfließende Schmelzwasser schwemmte dieses Material – Geröll, Kies, Sand, Schlamm – aus, zerrieb und rundete es beim Transport und setzte es entlang der Flüsse oder in weitgespannten Schotterebenen wieder ab. Oft wohlgeordnet, der Größe nach geschichtet: also wie gewünscht für die Besitzer der Kiesgruben. Dass es sich dabei um einen hervorragenden Betonierkies handelt, hat wiederum etwas mit dem Alter zu tun. Die Gesteine sind erst in jüngster Zeit abgelagert worden und sind daher so gut wie nicht verwittert, also sehr hart.

A Region of Gravel Pits

Geologists are used to thinking in millions of years. For them, Upper Swabia is an extremely new region. The geological finishing touches were put on the area between the Danube and Lake Constance between approximately 15,000 and 20,000 years ago. The region, in geological terms, is only a blink of an eye old. The passage of the Rhine glacier from the Alps left its mark upon the land and left behind chiseled moraines, drumlins and gentle slopes. The glacier also left behind rich gravel deposits. Upper Swabia has a lot of gravel, one could say it's "gravel-rich". The soaring demand for gravel during the 50s and 60s for construction and road works led to the emergence of a huge amount of gravel and a number of gravel quarries. In the massive gravel deposits on the floodplains, gravel pits and wet-gravel mines were established with sophistica-ted washing and sorting facilities for supplying different gravel grades. The photo shows an enormous extraction site to the north of Ostrach.

Mit Leinen zum Wohlstand

Der Wohlstand der meisten Städte in Oberschwaben fußte im Mittelalter vor allem auf der Leinenweberei. Schwäbisches Leinen wurde nicht nur für den Eigenbedarf erzeugt, sondern findet sich schon im 13. Jahrhundert auf auswärtigen Märkten. Auf den leichten Böden des Alpenvorlandes und wegen der eher kühlen, regenreichen Witterung gedeiht der Flachs (Lein) besonders gut. Die Landbevölkerung sorgte für die Aussaat und die Ernte der blau blühenden Pflanze und für die ersten Stufen der Weiterverarbeitung. Das Weben, das Veredeln und das Vermarkten übernahmen indes die Städter, weil dort auch die erforderlichen Einrichtungen wie Bleiche, Färbe und Mang standen. Hochwertige Ware erhielt die städtischen Schauzeichen und war damit im überregionalen Handel konkurrenzfähig. Das verkehrsgünstig gelegene Ravensburg bildete das unbestrittene Zentrum des Leinwandhandels im späten Mittelalter, wobei die Große Ravensburger Handelsgesellschaft (1380–1530) die Fäden zog. Es war ein Zusammenschluss der Handelsgeschlechter Humpiß aus Ravensburg, Mötteli aus Buchhorn und den Muntprat, ein Konstanzer Geschlecht italienischer Herkunft. Auch Geld aus anderen Städten steckte in der Gesellschaft. In ihrer Spätzeit erwuchs manch weitere Konkurrenz, vor allem durch die Memminger Kaufmannsfamilie Vöhlin.

Auch in Biberach stellten die Weber einst die wichtigste Zunft. Sie gehörten, wie woanders auch, zu den ärmeren Handwerkern, verdienten nicht viel, versteuerten wenig und waren oft verschuldet. Häufig lebten sie unter drückendsten Verhältnissen in den Nebengassen der Altstädte, wie etwa am Weberberg in Biberach, dessen einzigartiges, vorbildlich saniertes Ensemble unsere Aufnahme zeigt. Oft wohnten mehrere Familien in einem Haus. Im Untergeschoss oder im Keller befand sich die „Dunk", der ungemütliche und ungesunde Arbeitsplatz mit dem Webstuhl. Doch die Feuchte und der Lehmfußboden hielten das Garn geschmeidig. An rund 400 Webstühlen sollen damals die Weber ihre monotone Arbeit verrichtet haben. Biberach war vor allem ein Zentrum der Herstellung von Barchent, einem Mischgewebe aus Baumwollgarn und Leinengarn. Die durch die Kreuzzüge bekannt gewordene Baumwolle kam aus mittelmeerischen und vorderasiatischen Anbaugebieten über Venedig hierher. Barchent war leichter und anschmiegsamer als Leinen und damit modisch interessanter. Kein Wunder, dass dieses Gewebe ab dem 14. Jahrhundert die europäischen Märkte eroberte.

5 | Biberach, Weberberg

From Linen to Riches

Most of the cities in Upper Swabia owe their affluence during the Middle Ages to linen weaving. Swabian linen wasn't woven for personal use, instead as early as the 13th century it was found in foreign markets. The weavers in Biberach represented one of the most important guilds in the city. They were also one of the poorer groups of craftspeople. They didn't earn much, didn't pay many taxes and were often in debt. They often lived in oppressive conditions in the small alleyways of the old city, much as in *Weberberg* in Biberach where this photo shows a unique and model ensemble. Biberach was especially recognised as a centre of fustian production, a woven mixture of cotton and linen thread.

Das „Schwäbische Sankt Peter"

6. Juli 1737: Zwischen Alphons Jobst, dem Abt des Klosters Weingarten, und Joseph Gabler wird ein Vertrag zum Bau einer Orgel für die Klosterkirche ausgehandelt. Der bisher wenig bekannte Orgelbauer aus Ochsenhausen hatte mit einem genialen Plan den Auftrag erhalten. In sechs Jahren soll das Werk vollendet sein, 6000 Goldgulden soll der Meister erhalten. Gabler nimmt die Arbeit unverzüglich auf, bis die Orgel fertig ist, dauert es allerdings lange und zermürbende 13 Jahre mit manchen Streitigkeiten. Immerhin, das Warten lohnt sich. Mit der monumentalen Orgel schuf Gabler eine der kühnsten Leistungen in der Geschichte des Orgelbaus. Ein grandioser Prospekt umspielt die großen Fenster der Westwand, der Organist sitzt an einem frei stehenden Spieltisch. 60 Register und 6666 Pfeifen sind von Gabler eingebaut worden, eine Zahl, die den Geißelhieben entspricht, die Christus empfangen haben soll. Und die Orgel begeistert nicht nur den Betrachter, sie verzaubert auch die Zuhörer. Alles scheint zu vibrieren, wenn die Register gezogen und die Basspfeifen angeschlagen werden. Pauken und Glocken erklingen, selbst ein Kuckucksruf. Für seine Vorstellung einer „orgue mystique" musste Gabler manche Register erst ersinnen, er muss ein früher Technik-Freak gewesen sein. So ahmt die geheimnisumwobene Vox humana die menschliche Stimme nach. Gabler soll, um dieses Register bauen zu können, dem Teufel seine Seele verschrieben haben, so eine viel erzählte Legende.

Wer die Gnade und das Können hat, diese Orgel zum Klingen zu bringen, sitzt am Spieltisch und blickt in den Innenraum der Basilika, ist also liturgisch mit dem Altar verbunden. Diese Schau ist atemberaubend: Sie erfasst große Formen, Pfeiler, Bögen, aufsteigende Linien; überall Bewegung und Schwung, Raumverengung und Raumerweiterung, Licht und Schatten. Deutlich wird, wie Stuck und Fresken als integrale Bestandteile der Architektur dienen. Das ab 1715 errichtete Gotteshaus zählt zum Typus der Wandpfeilerkirche, Vorarlberger Baumeister pflegten ihn. Die Gewölbe dieser lichten, saalartigen Kirchen sind von Wandpfeilern getragen, die den Raum seitlich begleiten. Viel Licht kann durch drei Fensterzonen einströmen, durch einen hohen Tambour auch in die Kuppel. In dieser schon von außen weithin sichtbaren, nach dem Vorbild St. Peters in Rom gestalteten Wölbung findet sich das größte und figurenreichste Fresko. Es ist ein vielgestaltiger Heiligenhimmel, sind doch Kuppeln der Raum des Transzendenten.

Das reiche Kloster, es ist das größte in Oberschwaben, hatte beim Kirchenbau weder Kosten noch Mühen gescheut und leistete sich geniale Künstler, etwa den Freskomaler Cosmas Damian Asam, den Wessobrunner Stuckateur Franz Schmuzer und den eigenwilligen Bildhauer Joseph Anton Feuchtmayer, der das prächtige Chorgestühl schuf. Die Kirche, Deutschlands größte Barockbasilika, liegt hoch über dem Schussental inmitten der imposanten Klosteranlage. Gerne preisen die Weingartener sie als „Schwäbisches St. Peter". Zwar ein Tempel der Kunst, ist die Basilika zuvorderst aber Wallfahrtskirche. Hauptschatz darin und Ziel vieler Pilger ist eine Reliquie des Kostbaren Blutes Christi.

A Monumental Organ

On the 6th of July 1737, a deal for the building of an organ for the monastery church in Weingarten was brokered between Alphons Jobst, the abbot of the monastery, and Joseph Gabler. Up until that time Joseph Gabler from Ochsenhausen was a little known organ builder, and only obtained the commission due to his ingenious plans. In six years the construction was to have been completed, with a hefty sum of 6,000 gold guilders for the craftsman. Gabler started work immediately, however the work was not completed for another thirteen gruelling years and there were more than a few quarrels. In any case, it was worth the wait. The monumental organ with 63 registers and 6,666 pipes truly represents one of the boldest feats in the entire history of organ building. A grand backcloth surrounds the large window in the western wall. This is also the first example in southern Germany of a free-standing organ console. The church itself is the largest Baroque basilica in Germany and the people of Weingarten praise it as the "Swabian St. Peter's".

Scharfe Kontraste

Die Augen brauchen eine Weile, um sich an das Dunkel zu gewöhnen. Ambosse türmen sich auf, unzählige Eisenteile stapeln sich in den Ecken, an den Wänden hängen die unförmigen Zangen und Hämmer der Schmiede. Der Boden ist lehmgestampft. In der riesigen Esse flackert ein kleines Feuer. Die Zeit scheint stehen geblieben. Diesen Eindruck hat der Fotograf festgehalten, als er die Hammerschmiede des Anton Netzer in Gottrazhofen besuchte. Das kleine Dorf an der Unteren Argen gehört zu Argenbühl. Ganz anders war es, als er im Unternehmen der Familie Lang in Ummendorf bei Biberach auf den Auslöser drückte: Da steht im Industriegelände ein modernes Fabrikgebäude, das Logo „Lang Laser" überall präsent. In der blitzsauberen hellen Halle laufen von Rechnern gesteuerte Maschinen und Geräte aller Art, Mitarbeiter bedienen sie per Mausklick. Kein Lärm, kein Ruß, kein Staub, kein Schweiß.

Schon seit 1602 steht die Hammerschmiede am Tobelbach, der einst das Wasserrad und seit vielen Jahrzehnten die Turbine treibt. In der vierten Generation ist die Schmiede im Besitz der Netzers. Anton arbeitet zwar noch manchmal für die Landwirte im Ort, aber wichtiger sind ihm schon Kunstschmiedearbeiten für den Hausbau, ebenso Spaten, Äxte und Gartengeräte. Das alles sei nicht von der Stange, aus dem Baumarkt, bemerkt er. Guten Absatz finden neuerdings auch seine historischen Waffen wie Speere, Hellebarden sowie Schwerter aus Damaszener Stahl.

Der Familienbetrieb Lang besteht dagegen erst seit 1992. In ihm wird der physikalische Effekt des Lasers, dieses magischen Licht- und Energiebündels, genutzt. Da geht es in den Hallen in Ummendorf ans Schneiden, Trennen, Perforieren, Ritzen und Beschriften von Metallen und anderen Materialien – mit Nanometer-Präzision! Sogar Maschinen und Sonderlösungen werden entwickelt und hergestellt und dann weltweit vertrieben. Über 1000 installierte Systeme, vor allem in der Verpackungs- und Kunststoffindustrie sowie im Maschinen- und Automobilbau, sprechen für sich. Beide Beispiele zeigen, wie vielseitig Handwerk und Industrie in Oberschwaben in ihrer Entwicklung und Ausrichtung sein können: ein Mix, der sich vor allem in Krisenzeiten bewährt.

Stark Contrasts

The eyes need a little time to adjust to the dark. There are anvils all over, and innumerable pieces of iron piled up in the corners. On the wall hang the blacksmith's bulky hammer and tongs. The floor is made of rammed earth. There is a small fire flickering in the gigantic forge. Time seems to be standing still. This was the impression the photographer got while photographing Anton Netzer's Hammerschmied near Gottrazhofen. The small town in the Lower Argen is a part of Argenbühl. A business of a completely different sort is that of the Lang family near Biberach. Located in the industrial area of Ummendorf, it's the modern factory complex with the "Lang-Laser" logo plastered all over it. In the bright and sparklingly clean hall the employees steer and control machines and equipment of all kinds with the click of a mouse. No noise, no grime, no dust and no sweat. These two examples demonstrate how diverse and varied trades and industries in Upper Swabia can be in both their direction and their development. Besides examples of big industry like Boehringer-Ingelheim, Liebherr, Escher-Wyss and ZF in Friedrichshafen, there are also many sound and industrious small and medium enterprises that are responsible for the low rate of unemployment in the region. One of those companies is Lang-Laser. However there are still individuals, like Anton Netzer, who are masters of their craft and who have managed to find a balance between century-old traditions and the demands of the present day.

Die Schauseite an der Donau

Der Blick geht hinüber vom südlichen Donauufer auf die nächtliche Altstadtkulisse Ulms. Am Himmel verabschieden zart-rosa Wolkenschleier den Tag. Eine leichte Brise kräuselt den Fluss. Die Betrachter lassen sich vom Spiel der Farben bezaubern. Mancher mag vielleicht über den langen Weg des großen europäischen Flusses nachdenken. Dominant in grellem Licht die Türme des Münsters, der Hauptturm – der höchste Kirchturm der Welt. Aber da stehen noch andere bedeutende Gebäude, etwa rechts das Rathaus mit seinem Staffelgiebel oder der sich bedrohlich nach Nordwesten neigende Metzgerturm. Die lange gerade Stadtmauer an der Donauseite schützte lange Zeit vor Feinden; die Stadt ist bis 1702 nie eingenommen worden. Dahinter dann, Giebel an Giebel, stattliche Bürgerhäuser, viele davon mit Fachwerk. Die Gebäude des Fischer- und Gerberviertels an Blau und Donau haben den Zweiten Weltkrieg und die Nachkriegsarchitekten einigermaßen heil überstanden, zeigen sich herausgeputzt, obwohl oft schief und steinalt. Wer genau hinschaut, erkennt zwischen den Münstertürmen die Spitze einer Pyramide. Sie gehört zur Neuen Stadtbibliothek. Dieses Gebäude mit seiner gläsernen Hülle bildet einen architektonischen Kontrapunkt zum benachbarten Rathaus. Mit dem ganz in Weiß strahlenden Stadthaus des Architekten Richard Meier schließlich steht am Münsterplatz eine weiterere kühne Konstruktion. Das selbstbewusste, aber nicht aufdringliche Gegenüber des Münsters bildete lange das umstrittenste Bauwerk Ulms. Jüngster architektonischer Paukenschlag ist die Neue

Mitte um den Hans-und-Sophie-Scholl Platz mit dem spitz zulaufenden „Münstertor" und der Kunsthalle Weishaupt. Überraschungen dort auch unter der Erde: Die Tiefgarage mit ihrem „roten Teppich" gilt als schönste in Deutschland, darin harmonisch eingefügt Gemäuer aus der Stauferzeit, die man beim Bau der Tiefgarage entdeckte. Tradition und Moderne sind in Ulm zu Hause, die Wechselspiele zwischen Geschichte und Gegenwart machen den Reiz der Stadt aus. Man weiß hier, dass Reichsstadttradition verpflichtet.

Es waren übrigens nicht Bischöfe, nicht Fürsten, sondern die Ulmer Bürger, die 1377 mit dem Bau des Münsters begannen, 20 000 Plätze darin waren eingeplant, obwohl die Stadt seinerzeit nur rund 10 000 Einwohner zählte. Die Reichsstadt strotzte nur so vor Selbstbewusstsein – und vor Geld, das Handwerker und Kaufleute erwirtschafteten. „Ulmer Geld regiert die Welt", hieß es im 15. Jahrhundert. Der Hauptturm ist erst im 19. Jahrhundert vollendet und dabei womöglich merklich in die Höhe gestreckt worden, damit er mit 161,53 Meter den Kölner Dom überrage. Wer den großen Überblick wünscht, muss sich etwas plagen: 768 Stufen hoch bis zum höchsten Aussichtspunkt des Turmes in 143 Meter Höhe. Eine prächtige Aussicht bietet sich hier auf den meist quirlig-belebten Münsterplatz und die verwinkelten Gassen der Altstadt, auf die Donauauen, die alten Festungswerke und die Höhenzüge im Norden der Stadt mit ihren Einrichtungen für die wissenschaftliche Avantgarde. Im Süden sind an klaren Tagen die Alpen zu sehen.

The Presentation Side of the Danube

The shot was taken from the southern bank of the Danube across to the stunning night-time scenery of Ulm's historic city. Onlookers cannot help but let themselves be overwhelmed by the colours. The towers of the cathedral dominate the scene, illuminated by dazzling lights. The main tower of the cathedral is the highest church tower in the world. However, there are still other impressive and important buildings. A little to the right is the *Rathaus* with its crow-stepped gable, and to the northwest, the menacing, slanting *Metzgerturm*. The long, straight city wall on the banks of the Danube

side has long protected the city from enemies. Incidentally it was a citizen of Ulm who began construction of the cathedral. Before anyone even realised, the imperial city was teeming with tradesmen and merchants. It was often said during the 15th century that money from Ulm controlled the world. The main tower was finally completed in the 19th century and at a height of 161.53 meters, reaching into the heavens, it even out-measures the cathedral of Cologne.

9 | Ulm II, „Nabada"
Mit Schlauchboot und Waschzuber

Der Ulmer, wenn es diesen überhaupt gibt, sei keine Frohnatur, heißt es manchmal. Zugeknöpfte Schwaben? Keineswegs. In der Schwörwoche wird man eines Besseren belehrt. Vor allem am Nachmittag des Schwörmontags, wenn „Nabada" angesagt ist. Nabada, im Schwäbischen „Hinunterbaden", ist der traditionelle Wasser-Festzug, der in Ulm jedes Jahr am dritten Montag im Juli stattfindet. „Na" – lang gesprochen – ist das schwäbisch-maulfaule Kürzel für „hinab". An diesem Tag ist ganz Ulm auf den Beinen, geht ins und ans Wasser. Hunderte von „Nabadern" lassen sich auf allen erdenklichen Schwimm-Untersätzen, wie Waschzubern, Luftmatratzen, Flößen und anderen Schwimmhilfen, flussabwärts treiben – waghalsig schunkelnd, paddelnd oder schwimmend. Sie liefern sich dabei packende Wasserschlachten. Und die am Ufer stehenden Zuschauer müssen sich auf Spritzer und Güsse gefasst machen. Das dicht gedrängt stehende Publikum skandiert zur Anfeuerung den Schlachtruf „Ulmer Spatza, Wasserratza, hoi, hoi, hoi" und spielt so auf den berühmten „Ulmer Spatzen" an. Den Kern der Flottille bilden Zillen, das sind flache Kähne, Fähren und hölzerne Plattformen, auf denen Vereine, Gruppen und Musikkapellen allerlei Themen in Szene setzen. Dabei werden wie bei den großen Karnevalszügen am Rhein die aktuelle große Politik, das kommunale Geschehen oder manche Persönlichkeit parodiert

und humorvoll auf die Schippe genommen. Die Stimmung ist bei so viel Spaß, Übermut und Musik ausgelassen. Die Zuschauer dürfen die originellste Fähre und die fleißigste Musikkapelle ausloben, die Gewinner bekommen den „Kübel-les-Pokal". Der erinnert an die Zuber, in denen einst die Ulmer Jugend zu den Ausflugsgaststätten donauabwärts schwamm. Angesteuert wird nach wie vor die „Au", die Friedrichsau. Sie ist das Ulmer Naherholungsgebiet, benannt nach dem ersten württembergischen König. Ein Jahr nachdem die Stadt württembergisch geworden war, hatte sich Friedrich bei seinem ersten offiziellen Besuch in Ulm (1811) mit einem Zuschuss zur Gestaltung des Parks großzügig gezeigt. Bei diesem Anlass erfolgte auch der misslungene Flugversuch des Schneiders von Ulm. In der Friedrichsau beginnt wie überall in der Stadt der gemütliche Teil des Abends – die Hockete mit Musik und Bands, bis tief in die Nacht hinein. Das „Nabada" ist Teil des Schwörmontags. Nach einer bereits 1397 begründeten Tradition legt der Oberbürgermeister an diesem „Ulmer Nationalfeiertag" vom Balkon des Schwörhauses vor seiner Bürgerschaft den Rechenschaftsbericht ab und spricht den sechseinhalb Jahrhunderte alten Eid: „Reichen und Armen ein gemeiner Mann zu sein in allen gleichen, gemeinsamen und redlichen Dingen ohne allen Vorbehalt".

9 | Ulm II, "Nabada"
Floating down the Danube on Rafts and in Washtubs

Some might say that the inhabitants of Ulm are anything but cheerful fellows. Buttoned-up Swabians? Not a bit of it, and during *Schwörwoche* one gets a glimpse of the real truth- especially on the afternoon of *Schwör* Monday, when everyone starts saying "*Nabada*", which in the Swabian dialect means "down for a swim". "Nabada" is part of the traditional water festival, which takes place every year, on the third Monday of July, in Ulm. On this day everyone in Ulm are on their feet and

head on down to and into the Danube. Hundreds of bathers equip themselves with rafts, air mattresses, washtubs, and anything else that floats. The bathers make their way downriver, paddling or swimming like daredevils. They engage in monumental waterfights, and things often get a little wet. Spectators on the banks are advised to bring protection against splashes and spray.

Mythos Blautopf

Oben auf der Schwäbischen Alb ist das Wasser immer knapp, denn die Alb ist aus Jurakalken aufgebaut, durch deren Ritzen und Klüfte das Regenwasser in das Innere des Gebirges sickern kann. Es löst dort den Kalk und schafft sich ein Labyrinth aus Hohlräumen aller Größe. Irgendwo in den Tälern und an den Rändern der Alb tritt es wieder in Quellen und Quelltöpfen aus. Die populärste und mit 22 Metern Tiefe eine der größten Quellen in Deutschland überhaupt ist der Blautopf. Immer schon hat diese nahezu kreisrunde Quelle Maler und Dichter inspiriert. Romantisch ist sie besonders nach längeren Regenpausen, wenn sie ein intensives Blaugrün annimmt. Für Eduard Mörike ist sie Schauplatz der „Historie von der schönen Lau". Diese vom Schwarzen Meer in den Blautopf verbannte Wassernixe hat in Blaubeuren durch den Zungenbrecher des „'s leit a Klötzle Blei glei bei Blaubeura, glei bei Blaubeura leit a Klötzle Blei …" ihr Lachen wieder gewonnen. Sie konnte wieder ins Schwarze Meer zurückkehren, zu ihrem Wasserkönig. Der Blautopf zieht jedoch nicht nur die Dichter, sondern auch die Höhlenforscher in den Bann. 1961 zwängt sich Jochen Hasenmayer erstmals durch eine enge Spalte am Grunde des Blautopfs in den Berg hinein. Bei späteren Ausflügen in die dunkle Welt des Bergesinnern tastet sich der mutige Forscher immer weiter vor. So taucht er

durch einen unterirdischen See, über den sich ein gewaltiger Felsendom mit bizarren Sinterfiguren wölbt. „Mörike-Dom" nennt er ihn. Andere Forscher folgen ihm, wagen sich durch den engen Schlund in die Unterwelt hinein, tasten, krabbeln und schwimmen durch Gänge, Siphons, Röhren, Höhlen und geheimnisvolle Seen.

Unmittelbar neben dem Blautopf wurde um 1085 das Benediktinerkloster Blaubeuren gegründet. Um dieses entwickelte sich der Marktort Blaubeuren, der 1267 Stadtrecht erhielt. Zahlreiche Fachwerkhäuser schmücken den mittelalterlichen Stadtkern, vor allem die Weber und die Gerber prägten das wirtschaftliche Geschehen. Obligatorisch ist ein Besuch der ehemaligen Klosteranlage mit dem größten Altarwerk ulmischer Kunst, dem berühmten Hochaltar des Michel Erhart. 1536 ist das Kloster aufgehoben und wenig später in eine evangelische Klosterschule umgewandelt worden.

Zu empfehlen ist auch der Besuch des urgeschichtlichen Museums, das über die berühmten Wohnhöhlen wie das Geißenklösterle und die Sirgensteinhöhle informiert. Hier schufen die Steinzeitmenschen meist aus Mammutelfenbein Tier- und Menschenfiguren sowie Musikinstrumente, die zu den ältesten bekannten Kunstwerken der Menschheit gehören.

The Myth of the Blue Pot

Up in the Swabian Alps water is always scarce. The Swabian Alps are made of Jurassic limestone. Rainwater seeps into the mountains through cracks and crevices. The water dissolves the limestone and has created a veritable labyrinth of caverns of various sizes. Among the valleys on the border of the Swabian Alps the water bubbles to the surface in springs. The *Blautopf*, with a depth of 22 meters, is one of the most well-known and also one of the largest springs in Germany. The circular *Blautopf* spring has inspired po-

ets and painters alike. The spring is especially romantic after long periods without rain when the spring takes on an intense blue hue. This was the setting for Eduard Mörike's work "The Story of Lau, the Beautiful Water Nymph". The water nymph was exiled from the Black Sea to the *Blautopf*. In Blaubeuren she won back her smile by reciting the Swabian tongue twister: *s'leit a Klötzle Blei glei bei Blaubeure, glei bei Blaubeure leit a Klötzle Blei."* She was then able to return to the Black Sea to her Water King.

Dem Löwenmenschen auf der Spur

Die Lone ist nur ein kleiner Fluss nördlich von Ulm: ein Flüsschen, nur etwa 30 Kilometer lang, zuweilen nur ein Rinnsal. Aber ihr Tal ist weltberühmt geworden. Die Archäologen konnten hier einzigartige Zeugnisse frühester menschlicher Kultur bergen, darunter die ältesten Kunstwerke der Menschheit – entstanden in der letzten Eiszeit, bis zu 40 000 Jahre alt. Das Tal bot vieles, was die streifenden Jäger für ihr einfaches Leben benötigten: Fische und Jagdwild, Holz zum Feuern, waldfreie Areale und Höhlen als Schutz und Unterschlupf. Bereits 1931/32 waren sensationelle Funde in der Vogelherdhöhle gelungen. Das Foto zeigt diese auf einer felsigen Talflanke gelegene Höhle im Jurafels. Feuersteinsplitter im Auswurf eines Dachsbaus hatten auf die Spur der völlig verschütteten Höhle geführt. Die Ausgräber bargen in verschiedenen Schichten neben Werkzeugen kleine Tierskulpturen aus Elfenbein: eine eiszeitliche Menagerie von Mammuts, Bär, Großkatze, Ren, Bison, Höhlenlöwe, Wildpferd und Wildrind.

Nicht weit davon liegt die Hohlenstein-Höhle, die bei einer Ausgrabung 1939 Bruchstücke und Splitter einer menschenähnlichen Figur aus Mammutelfenbein preisgab. Die folgende Geschichte könnte nicht spannender sein. Bei Nachgrabungen kamen weitere Bruchstücke hinzu. Alle Puzzleteile zusammengefügt wurde daraus ein Mischwesen: der Löwenmensch. Vollständig rekonstruiert hat man ihn im Jahr 2011 präsentiert. Heute ist dieser archäologische Weltstar im Ulmer Museum zu bewundern. Das Lonetal hat immer auch schon die Geologen beschäftigt. Für den Tübinger Geologieprofessor Georg Wagner (1885–1972) war die Lone einer der interessantesten Flüsse im Südwesten. Ihn trieb die Frage um, wie es dem kleinen Fluss möglich war, sein breites Tal in das Kalkgestein einzuschneiden. Erklärt wird es damit, dass das Lonetal, wie manch andere Alb-Täler auch, einst viel länger und damit wasserreicher war. Als der Albtrauf noch viel weiter im Norden lag, muss die Lone, besser die Ur-Lone, noch irgendwo im Unterland entsprungen sein. Wanderungen im Lonetal lohnen sich. Das Tal ist mit Sehenswertem gespickt. Malerisch sind die Felsen und Höhlen. Freuen kann man sich auch an den kargen Wacholderheiden, einstigen Schafweiden mit hoher Artenvielfalt, etwa mit Orchideen, Enzianen und Silberdisteln. An sonnigen Tagen summen Abertausende Insekten. 2006 wurde das Lonetal als eines der 77 bedeutendsten nationalen Geotope in Deutschland ausgezeichnet. Es gibt bestens ausgeschilderte Wander- und Radwege. Ausgangspunkt könnte die HöhlenErlebnisWelt in Giengen-Hürben sein. Im Höhlenhaus wird über das faszinierende Korallenmeer des Weißen Jura mit modernen Ausstellungsmethoden informiert. Ein steiler Weg führt in wenigen Minuten zur Charlottenhöhle mit ihren vielen Tropfsteingebilden. Längere Wanderungen führen zum Schloss Burgberg, zur Ruine Kaltenburg – und zur Vogelherdhöhle. Noch heute erkennt man an ihrer sonnigen, nach Süden offenen Lage, dass dies ein guter Platz für unsere Vorfahren gewesen sein muss. Hier sollte man anhalten und nachdenken.

On the Trail of the Lion People

The Lone is a small river north of Ulm. Only about 30 kilometers long, the Lone is really only a stream and sometimes only amounts to a trickle. However, its valley has become world famous. Here archaeologists have been able to recover unique examples of the earliest stages of human culture. Among those examples, created during the last ice age, are some of the oldest artworks ever created by humankind. Some are up to 40,000 years old. The valley offered everything that the roving hunters required for their simple lives: fish and game, wood to burn, open areas and also caves for protection and shelter. As early as 1931-1932, sensational finds had been made in the Vogelherd Cave. The photo portrays the cave, situated in the Jurassic rock of the valley's side. Not far away is the Hohenstein Cave where, during an excavation in 1939, fragments and slivers of a human-like, mammoth-ivory figure were uncovered. With this discovery, The Icon of the Lion People was born. The fully reconstructed figure was put on display in 2011. This archaeological superstar is currently on display at the museum in Ulm.

12 | Oberdischingen
Der Malefizschenk und die „schwarze Liesel"

Oberdischingen, am Fuß des Hochsträß zwischen Ulm und Ehingen, war eine winzige Residenz, aber mit illustrer Geschichte. Hier saß mit Franz Ludwig, Reichsgraf von Castell der Verfolger und Erzieher aller Halunken und Übeltäter. Ab 1767 errichtete der „Malefizschenk", wie das Volk den Grafen nannte, ein eigenes Zuchthaus nach damals modernsten Gesichtspunkten. Der Schwäbische Kreis hatte ihm das Recht übertragen, „Verbrecher, Strolche und obdachlose Leute zu fassen und nach Gebühr zu bestrafen". Große Teile Oberschwabens und sogar einige angrenzende Schweizer Kantone standen gleichsam unter seiner Polizeigewalt. Er ließ durch eigene Beamte Verbrecher dingfest machen und aburteilen. Entsprechend der aufgeklärten Zeit richtete der Malefizschenk auch Krankenzimmer, eine Apotheke und eine Spinnerei ein. Die Kinder der Verurteilten erhielten Unterricht und konnten ein Handwerk erlernen. Oberschwaben war für Räuber, Diebe und Gauner kein schlechtes Pflaster. Die großen Wald- und Riedgebiete boten Unterschlupf, und die Existenz der zahlreichen kleinen und kleinsten Territorien erschwerte die Verfolgung. Leicht konnte man sich mit einem Sprung über den Grenzbach in Sicherheit bringen. Der „schwarze Veri", der „rotzige Toni", die „schwarze Liesel" und die „schöne Urschel" – das sind einige bekannte Namen von Gaunern und verbrecherischen Weibern in der Zeit um 1800. Die Strafen waren hart. Hinrichtungen vollzog

der Scharfrichter auf dem Galgenberg, manche Exekutionen arteten sogar „zu wahren Volksfesten" aus. Der „schwarzen Liesel", die niemand Geringerem als dem Malefizschenken selbst einen Geldbeutel mit 1700 Gulden stahl, setzten des Grafen Häscher jahrelang nach. 1788 wurde sie enthauptet. Eine andere, die „schöne Veron" begnadigte er; sie wurde seine Leibköchin.

Eine Allee, die bei einer barocken Kreuzigungsgruppe von der Hauptstraße abzweigt, führt in die ehemalige Residenz. Angelegt wurde die Pflanzung 1770 zu Ehren von Marie Antoinette, die damals – auf ihrem Weg nach Paris – durchreiste und Station im Kloster Obermarchtal machte. Die Allee endet überraschend: sie öffnet sich zu einem breiten, planvoll angelegten Straßenraum, der Herrengasse. Zehn schmucke, lang gezogene Häuser im französischen Mansardstil säumen sie. Die beiden Häuserzeilen rücken zum Dorfzentrum hin auseinander, so täuscht die Optik bedeutendere Dimensionen vor. Weitere Bauwerke erinnern an die spannende Zeit der Residenz, etwa die dreiflügelige Kanzlei und die ungewöhnliche klassizistische Kuppelkirche französischen Geschmacks (kurios davor der antike Säulenportikus). Das Schloss selbst wurde dem Malefizschenken 1807 durch entlaufene Sträflinge angezündet. Die Person des Schenken bleibt dennoch ein Rätsel: War er Weltverbesserer? Geschäftsmann? Kunstfreund? Oder alles zusammen?

12 | Oberdischingen
Where Criminal Justice Felt at Home

Oberdischingen is a tiny residence located at the foot of *Hochsträß* between Ulm and Ehingen, but a residence with an illustrious history. This is the place where Count *Franz Ludwig von Castell*, the wrath and persecutor of scoundrels and miscreants, sat. In 1767 the Count, referred to by the people as the '*Malefizschenk*', established a jail appointed in accordance with the standards of the period. The Swabian Circle conferred the power upon him to imprison and suitably punish hoodlums, villains and the homeless. A large part of Upper Swabia and also a few Swiss cantons were put under his policing power. He imprisoned and passed judgment on offenders using his very own civil service. According to

the enlightened times the Malefizschenk also built infirmaries, an apothecary and a spinning mill. The children of the judged were given an education and also the opportunity to learn a trade. An avenue that swings off of the main street near a group of Baroque crucifixes leads to the former residence. The planting was done to honour *Marie Antoinette* who once visited the Obermarchtal Monastery on her way to Paris. The avenue comes to a surprising end as it opens into the wide and elaborately-planned Herrengaße, lined with ten pretty houses in the French mansard style. The way that the row of houses is arranged in relation to the town center creates a deceiving optical effect.

Krane, die die Welt bewegen

Jakobsleitern am nächtlichen Himmel über der Stadt Ehingen? Keineswegs. Auch wenn in schönen Reden so oft bemerkt wird, dass in Oberschwaben der Himmel besonders nahe sei, hier handelt es sich um Praktisches und Profanes: um Krane der Firma Liebherr. Da steigen keine federleichten Engel auf und ab, vielmehr heben die Ausleger dieser Krane tonnenschwere Lasten. Und das auf über 200 Metern Höhe, man nähert sich den Grenzen der Physik. Mobil- und Raupenkrane bewegen die Welt, so wirbt das Liebherr-Werk in Ehingen. Die Geschichte, wie es dazu kam, ist mit der Person des Hans Liebherr (1915–1993) verbunden. Gut schwäbisch und bescheiden, aber voller Tatkraft und mit Zielstrebigkeit ist er ans Werk gegangen. Er wächst in Kirchdorf an der Iller auf, will eigentlich Konditor werden, sein Stiefvater

sorgt aber dafür, dass der Junge das elterliche Baugeschäft übernimmt. Nach dem Krieg will er die schwere Arbeit auf den Baustellen vereinfachen. Auf ihnen gibt es bis in die 1950er-Jahre hinein noch keine Krane. So konstruiert Hans Liebherr 1949 den ersten leicht montierbaren und einfach zu transportierenden Turmdrehkran. Konstruktion und Verwaltung sind in Kirchdorf zunächst in einer Baracke untergebracht, ebenso die Wohnung. 1954 gründet man ein zusätzliches Werk in Biberach. Fortan ging es bei dem Unternehmen stets aufwärts, nicht nur die Krane wurden immer höher, sondern auch die Umsatz- und Beschäftigtenzahlen. Aus Liebherr ist eine Perle unter den oberschwäbischen Betrieben geworden, ein „Global Player" mit vielen Gesellschaften und verschiedenen Sparten und weiteren oberschwäbischen Standorten in

Ehingen, Bad Schussenried und Ochsenhausen. Weltweit beschäftigt Liebherr heute rund 33 000 Mitarbeiter und erwirtschaftete im Jahr 2010 einen Jahresumsatz von 7,6 Mrd. Euro. Selbst so ausgefallene Aufträge wie großflächige Sonnenschirme für die Beschattung der Pilger vor der Moschee im glutheißen saudi-arabischen Medina oder Krane, die im kalten Russland minus 50 Grad Betriebstemperatur aushalten müssen, erfüllt das Unternehmen mit Akkuratesse. Die mit einer vergoldeten Spitze und Krone versehenen, insgesamt etwa 45 Tonnen schweren Schirme öffnen sich über eine elektrisch angetriebene und elektronisch gesteuerte Stahlkonstruktion.

Auch Ehingen wird von Liebherr geprägt. Zu den Kirchtürmen seiner Silhouette sind die Liebherr-Krane hinzugekommen.

Der Fertigungsstandort entstand 1969, über 1 500 Fahrzeugkrane verlassen hier jährlich die riesigen Produktionshallen. In der Sparte dieser Ungetüme ist man Weltmeister. 84 Hektar umfasst das Werksgelände, 2 700 Beschäftigte finden Arbeit. Die Palette der All-Terrain-Mobilkrane reicht vom 2-achsigen 35-Tonnen-Kran bis zum Schwerlastkran mit 1 200 Tonnen Traglast und 9-achsigem Fahrgestell. Die Gittermastkrane erreichen sogar Traglasten bis 3 000 Tonnen. Die Krane von Liebherr dienen zum Brückenbau oder zur Montage von Windrädern, sie sind nicht nur in allen Häfen zu Hause, sie arbeiteten sogar schon auf der Zugspitze. „Das höhere Streben ist ein schöner Zug". Dieser Satz des großen Bert Brecht hat auch im Alltag seine Gültigkeit. Aber abgehoben hat man bei Liebherr noch nie.

13 | Ehingen, Liebherr
Cranes that Move the World

Are they Jacob's Ladders stretching over Ehingen and into the night sky? Actually no, and even though it is often said that in Upper Swabia the heavens are a little closer, in this case we are dealing with the practical and profane with cranes from Liebherr. They are not used for lifting angels; in fact they are much more often used for lifting loads weighing many tonnes, sometimes to a height of 200 meters- stretching the limits of physics. Mobile and crawling cranes move the world, or at least so they say at the Liebherr plant in Ehingen. The history of the company is intrinsically linked with Hans Liebherr (1915-1993). He grew up in Kirchdorf an der Iller, and wanted to be a confectioner. His stepfather

however, convinced him to take over the family's construction business. After the war, he wanted to make the heavy work around the worksite easier and so, in 1949, Hans Liebherr built the first easily mountable rotating tower crane. In 1954 the business was moved to Biberach. Today Liebherr has around 33,000 employees world-wide and in 2010 generated a €7.6 billion turnover.

Unter Felsen und Ruinen

Das Nebeneinander verschiedener Landschaften schenkt uns lebendige und abwechslungsreiche Bilder. So auch an der Donau, an welcher Oberschwaben und die Schwäbische Alb sich berühren: Erdmittelalter und Eiszeit, Kalk und Kies, Wasserarmut und Wasserreichtum, Älbler und Oberschwaben. Namen von gutem Klang wie Riedlingen, Ehingen, Zwiefalten und Obermarchtal markieren den Grenzsaum. Warum nicht von hier aus einen Abstecher nach Norden machen? Auf die Alb! Die eher beschaulichen Täler von Ach, Lauter und Schmiech laden dazu ein, zeigen fast alle landschaftlichen Besonderheiten dieses größten deutschen Kalkgebirges. Das Tal der forellenreichen Lauter ist ein Tal der Felsen und der Ruinen. Ludwig Uhland schildert 1823 seiner Frau die „Burgtrümmer, oft recht seltsam auf und zwischen die Felsen genistet". Von der Quelle bis zur Mündung lassen sich nicht weniger als 20 davon finden. Auf dem imposantesten dieser vom niederen Adel bewohnten Gemäuer, der Burg Hohengundelfingen, entstand das Foto. Gewaltige Buckelquader bauen ihren mächtigen stauferzeitlichen Bergfried auf. Der Zerfall der Feste setzte am Ende des Mittelalters ein, allerdings soll sie im Bauernkrieg 1525 von den Mönchen des Klosters Zwiefalten bewohnt worden sein. Die Anlage, von 1948 an mühevoll von der Neu-Ulmer Fabrikantenfamilie Römer restauriert, ist heute frei zugänglich und bietet einen herrlichen Rundblick über das Lautertal mit seinen prächtigen Buchenwäldern. Unten im Tal mäandriert die Lauter. Noch hat der Fluss den engen Hals der Talschlinge nicht durchbrochen, sonst läge ein geradezu lehrbuchhafter Umlaufberg vor unseren Augen. In idealer Verteidigungslage sitzt die ehemalige Burg Niedergundelfingen, leicht erkennt man oben ihre Mauern, das Eingangstor und die Burgkapelle. Noch im 19. Jahrhundert sollen hier Gebäude gestanden haben, allesamt aber ohne „Obdach", so heißt es in einer Beschreibung. Weiter talaufwärts liegt Buttenhausen mit dem barocken Schloss im Dorf. Juden wurden hier vom Ortsadeligen angesiedelt, um Handel und Wandel zu beleben. Der jüdische Friedhof über dem Dorf erinnert an sie, das Denkmal in der Dorfmitte gemahnt auch an das Schicksal der im Dritten Reich Ermordeten. Im obersten Abschnitt des Tals dann Marbach mit dem berühmten Landgestüt – ein Mekka für Pferdeliebhaber. Eine Herde von galoppierenden Pferden, Stuten mit ihren Fohlen, prächtige Weiden und lichte Buchenwälder: da muss das Herz hoch schlagen.

Under Rocks and Ruins

The valley of the trout-rich Lauter River is full of rocks and ruins. As early as 1823, *Ludwig Uhland* remarked to his wife how odd it was that the ruins were perched upon and nestled between the rocks. Between the spring and river mouth one can find no less than twenty examples of ruins. This photo was taken at one of the most impressive sites, Hohengundelfingen Castle, which was once inhabited by a member of the lesser nobility. The Lauter continues to meander through the valley below. The river still hasn't managed to break through the narrow neck of the valley, thus providing us with an absolutely textbook example of an incised meander, otherwise known as an *Umlaufberg*. Niedergundelfingen Castle sits in a perfect defensive position with its walls, entry gate and castle chapel all still easily recognisable.

Was vom Dorf übrig blieb

Von der Abendsonne in goldenes Licht getaucht: eine sanft gewellte, schon herbstlich gefärbte Landschaft unter weitem, bedrohlich bewölktem Himmel. Wer würde da glauben, dass hier noch vor einigen Jahren Artilleriegeschosse explodierten, Panzermotoren dröhnten und Tiefflieger hinwegschossen. Die Abbildung zeigt einen Ausschnitt des einstigen Truppenübungsplatzes Münsingen. Auf diesem Platz, 1895 eingerichtet, sind Heerscharen von Soldaten ausgebildet, gedrillt und geschliffen worden. Und sie haben hier gelitten, wenn ihnen der Wind an kalten Tagen gnadenlos um die Ohren pfiff. Nicht umsonst sprachen sie von „Schwäbisch Sibirien". 2005 endete die militärische Nutzung. Und – man hält es kaum für möglich – aus dem ehemaligen Truppenübungsplatz wurde in der Folgezeit die Kernzone eines Biosphärengebiets, aus malträtierter Landschaft eine friedliche, in der Mensch und Natur im Einklang stehen sollen. Im Jahre 2009 ist das Biosphärengebiet von der UNESCO anerkannt worden, 15 davon gibt es in Deutschland. Solche Gebiete, auch Biosphärenreservate genannt, sind in Kern-, Pflege- und Entwicklungszonen gegliedert. Im Kernbereich ist jegliche wirtschaftliche Nutzung untersagt. Hier soll beobachtet werden, wie Entwicklungen in der Natur ohne menschliche Beeinflussung ablaufen, die Menschen dürfen es aber auf ausgewiesenen Wegen betreten. Wie ein Schutz-

mantel werden die Kernzonen von Pflege- und Entwicklungszonen umgeben. Alles in allem umfasst das „Biosphärengebiet Schwäbische Alb" über 850 km². Es schließt weite Teile der mittleren Alb ein und reicht bis an die Donau. Prächtige Weidebuchen und die artenreichen Wacholderheiden und Magerrasen geben dieser Kulturlandschaft ihre Würze. Auf ihnen liegt an sonnigen Sommertagen ein vielstimmiges Grillen und Brummen von unzähligen Insekten in der Luft. Auf den von felsigen Stellen durchsetzten Magerrasen wachsen zahllose genügsame, bunte Blütenpflanzen und verbreiten ihren Duft. Der Namensgeber der Heidelandschaft, der Wacholder, bildet neben der Silberdistel die wohl bekannteste Pflanzenart der Schwäbischen Alb. Im westlichen Bereich des ehemaligen Truppenübungsplatzes künden, einsam und verlassen, eine Kirche mit Fragmenten eines Friedhofs sowie das einstige aus Kalkquadern gefügte Schulhaus vom ehemaligen Dorf Gruorn. Es sind dessen letzte verbliebene Gebäude. 1939 musste es zur Erweiterung des Truppenübungsplatzes Münsingen völlig geräumt werden. Immerhin lebten zuvor rund 650 Menschen in dem Dorf, doch deren Nöte galten nichts gegen die „kriegswichtigen" Argumente der Machthaber im Dritten Reich. Der Erhalt der Kirche ist einigen heimatverbundenen Gruorner Bürgern zu verdanken, die sich um ihre frühere Heimat kümmern.

What remains of the Village

Under a menacing, cloudy sky the gently undulating autumnal landscape is bathed in the golden light of the evening sun. Who could believe that only a few years ago, at this very place, artillery shells were exploding, tank engines rumbling and low-flying aircraft were firing away. The photo shows a section of the former Münsingen military training grounds. From its establishment in 1895, thousands of soldiers were trained and drilled here. The military stopped using the area in 2005 and on this former training ground the core area of a wider conservation area was established. From a legacy of violence, a place where humans and nature exist in harmony has now been created. A church with remnants of a cemetery and what was once a school house made of limestone blocks are now all that remains of the village of Gruorn. The village was essentially cleared when the training area was enlarged in 1939. The inhabitants were resettled. A few former villagers and their dedication to taking care of their former home, is the only reason why the church has survived throughout the years.

Rätselhafte Keltensiedlung

Zwei Krane haben im Dezember des Jahres 2010 im Donautal bei der Heuneburg einen rund 80 Tonnen schweren Erdblock an Stahlseilen aus dem Boden gezogen und auf einen Tieflader gehoben. Zur eingehenden Untersuchung wurde das Material in ein Speziallabor nach Ludwigsburg transportiert. Man wusste, dass in dem Block ein frühkeltisches Grab steckt – ein erstaunlich gut erhaltenes. Die bisher schon gefundenen Beigaben sind jedenfalls prunkvoll: eine filigran verzierte Goldspange, Perlen aus Gold und Bernstein, ein in Kupfer gefasster Eberzahn und manches mehr. Die Qualität des Schmucks weist darauf hin, dass die Gebeine einer keltischen Adeligen in der Grabkammer verborgen sind. Der Fund soll bereits bei der großen Keltenausstellung 2012 in Stuttgart präsentiert werden.

Die Archäologen schwärmen einmal mehr über diese neue Entdeckung im Umfeld der im Herbertinger Ortsteil Hundersingen gelegenen Heuneburg. In diesem 60 Meter über der Donau gelegenen Gelände mit seinen landschaftlich auffälligen „Fürstengrabhügeln", aber auch manch eingeebneten, kaum bekannten Gräbern, gilt es noch viele Rätsel zu lüften. Vor einigen Jahren entdeckte man Grabbeigaben, die im fernen Etrurien, der heutigen Toskana, hergestellt worden sind. Gefunden wurden auch schon Bruchstücke importierter bemalter griechischer Keramik, ebenso nach mittelmeerischem Vorbild luftgetrocknete Lehmziegel. Sie hatten die Jahrtausende unversehrt überstanden. Die Fachleute vermuten, dass auf der plateauförmigen Anlage eine etwa 750 Meter lange und vier Meter hohe

Wehrmauer bestand, für deren Bau eine halbe Million Ziegel notwendig waren. Schon seit dem 19. Jahrhundert steht der fundreiche Landstrich über der Donau im Focus der Forschung, insgesamt 23 Siedlungsschichten sind nachgewiesen. Die Archäologen haben dabei herausbekommen, dass hier vor 2500 Jahren eine stadtähnliche Siedlung bestand, ein so genannter frühkeltischer Fürstensitz. Hierbei bildete die Heuneburg nur den Kern, mittlerweile ist eine über 100 ha große Außensiedlung nachgewiesen, eine der ältesten nördlich der Alpen. Fest steht, dass in der Zeit zwischen 620 und 480 v. Chr. der Ort ein wichtiges Handelszentrum bildete. Hat Herodot möglicherweise die Heuneburg gemeint, als er im 5. Jahrhundert schrieb: „Denn der Istros (die Donau) entspringt bei den Kelten und der Stadt Pyrene."

Das Freilichtmuseum auf dem Gelände der Heuneburg und das Keltenmuseum in der ehemaligen Zehntscheuer des Klosters Heiligkreuztal im nahe gelegenen Hundersingen sind als Keltenmuseen Heuneburg zusammengeschlossen. Dem Besucher ist zu raten, auch dem Archäologischen Wanderweg zu folgen. Etwa drei Kilometer entfernt trifft er auf den Hohmichele, einen größten Grabhügel nördlich der Alpen. Wer auf ihm steht und innehält, den umweht der Atem der Geschichte.

16 | Hundersingen, Heuneburg
Mysterious Celtic Settlement

Archaeologists swarm over Heuneburg, located in the Hundersingen district of *Herbertingen*. In this area, 60 meters above the Danube one finds conspicuous royal burial mounds. Some of the graves are also level and almost unrecognizable as graves at all. In a place like this there are still many mysteries waiting to be revealed. Experts believe that there was once a 750 meter long and four meter high defensive wall around the area, and that the construction of this wall would have required around half a million bricks. Archaeologists began excavating the abundant site over the Danube in the 19th century. They eventually uncovered 14 layers of settlement and found out that there had been a city-like settlement at the site over 2,500 years ago. The settlement is one of the oldest settlements north of the Alps

and was perhaps 100 hectares in size. It is also said that an important trading center existed at the site between 620 and 480 BCE. The *Freilichtmuseum* in the Heuneburg area combined with the *Keltenmuseum*, located in the former tithe barn of the *Heiligkreuztal* monastery, are known as the Celtic Museums of Heuneburg. Visitors are advised to follow the archaeological educational trail. About three kilometers away, one finds the *Hohmichele*, the largest burial mound north of the Alps. Those who stand on the burial mound and spend some time there cannot help but feel the breath of history.

Märchenschloss über der Donau

Zwar empfand die Fürstin Amalie Zephyrine (1760–1841) das Leben in Sigmaringen als „unerträglich einengend", aber es ist ihr zu verdanken, dass die Hohenzollerischen Lande im 19. und 20. Jahrhundert eine politische Sonderrolle spielten. Auf dem Felsenschloss in Sigmaringen residierte die schwäbische katholische Linie der Hohenzollern. Amalie, die 1782 den Erbprinzen Anton Aloys von Hohenzollern geheiratet und ihm wenig später einen Nachfolger geschenkt hatte, entfloh 1785 als Mann verkleidet der oberschwäbischen Provinz und ließ sich in Paris nieder. Dank ihrer Verbundenheit mit Kaiserin Joséphine, Napoleons legendenumwobener Gemahlin, gelang ihr 1806 der wundersame Erhalt des kleinen Fürstentums. Die Eingliederung nach Württemberg konnte abgewendet werden. 1850, in der Folge der Märzrevolution, übergab Fürst Karl Anton die Herrschaft an die großen, mächtigen Vettern in Preußen, an die preußischen Hohenzollern. Bis zum Ende des Zweiten Weltkriegs schob sich so ein preußischer Regierungsbezirk – für manche ein Stachel im Fleisch der Süddeutschen – zwischen die Länder Baden und Württemberg.

Als hohenzollerische Residenz gelang der Stadt Sigmaringen eine bemerkenswerte bauliche Entwicklung. Am Rand der Altstadt entstanden einige stilvolle Repräsentations- und Verwaltungsgebäude. Wie sehr Sigmaringen herrschaftlich geprägt ist, bemerkt der Besucher überdies an den zahlreichen fürstlichen Denkmälern und Straßennamen. Der erste Blickfang ist zweifellos das hoch über der Stadt und der Donau thronende Schloss. Aus einem ersten festen Bauwerk oben auf dem mächtigen Kalkfelsen, das schon im 11. Jahrhundert bestand, entwickelte sich nach vielerlei Umbauten ein imposantes, geradezu märchenhaftes Schloss. Vor allem um 1900 erhielt es seine jetzige Gestalt, wobei die verschiedenen Epochen ihre Spuren hinterlassen haben. Seit einigen Jahren werden spezielle Themenführungen angeboten, die Kinder wie Erwachsene ein wenig am Alltag der Schlossbewohner damals und heute teilnehmen lassen. Die Sammlungen haben Rang: Im Schlossmuseum sind bedeutende Kunstwerke zu bewundern, im Marstall Zeugnisse der Reisekultur: Jagd- und Reisewagen, Schlitten und Sänften. Außerdem wird eine der umfangreichsten privaten Waffensammlungen Europas präsentiert. Schauerlich ist der Blick auf die bestialischen mittelalterlichen Folterwerkzeuge.

Die Stadt mit ihren zahlreichen gelungen sanierten Bauten zieht viele Besucher an. Sie bildet die Pforte ins romantische obere Donautal mit seinen steilen Felswänden. Wenige Kilometer flussaufwärts liegt Inzigkofen. Nach 20 Jahren turbulenter Pariser Zeit wohnte hier Amalie, die „Retterin Hohenzollerns", im Amtshaus des säkularisierten Frauenklosters. Einigermaßen versöhnt mit ihrem Gemahl und seinen schwäbischen Landsleuten verlebte sie da die Jahre. Sie ließ es zu einem Landschlösschen mit einem englischen Garten umgestalten. Von ihrem Mann lebte sie getrennt, man besuchte sich aber regelmäßig.

Fairytale Castle over the Danube

As you come upon Sigmaringen the first thing you encounter is the *Hohenzollernschloss*. From its beginnings in the 11th century as a stronghold perching on the grandiose limestone cliffs, the construction developed, through a myriad of renovations and developments, into an imposing fairy-tale castle. The passing ages left their imprint, with the castle reaching its present state in 1900. In the castle museum there is an impressive art collection to be marveled at. In the royal stables one finds testaments to travel culture, with hunting coaches and travel coaches, sleighs and sedan chairs. On display is also one of the most extensive private weapon collections in all of Europe, as well a nightmarish collection of medieval torture devices. Sigmaringen draws many visitors due to its multitude of refurbished buildings. The town acts as the gateway to the romantic upper Danube Valley with its towering cliffs.

Der Schwäbische Grand Canyon

Die junge Donau, eben erst aus Brigach und Breg gebildet, hatte es auf ihrem weiteren Weg zum Pontus Euxinus, dem Schwarzen Meer, immer schon schwer. Durch Versickerung an vielen Klüften und Spalten aufs Stärkste geschwächt, muss sie das Hindernis der sich ständig aufwölbenden Schwäbischen Alb durchbrechen. Und das schon seit Jahrmillionen. Mit Erfolg: Bis zu 300 Meter tief hat sie sich in das Juragestein gefressen und dabei eine der schönsten Landschaften in Deutschland geschaffen. In ihrem Durchbruchstal präparierte sie vielgestaltige Felsbildungen heraus: burgartige Bastionen, Türme, Nadeln, Klippen, schroffe Wände, Löcher und Höhlen. Die Geologen wissen, dass es sich um Schwammriffe des einstigen Weißjurameers handelt. Das Foto hält die aus den prächtigen Hangwäldern herausragenden Felswände zwischen Beuron und Hausen fest. Knallhart ist das grau-weiße Gestein, es wehrt sich gegen die Erosion. Und seine Festigkeit reizt zum Klettern, was aber nur an wenigen Stellen erlaubt ist. Beschaulicher ist wohl das Paddeln auf dem meist gemächlich dahinfließenden, windungsreichen Fluss. Zahlreiche Burgen und Schlösser nutzten die natürliche Schutzlage auf den Spornen und Nasen. Namen wie Falkenstein, Hexenturm und Hahnenkamm, Gebrochen Gutenstein und Wildenstein zergehen auf der Zunge. Sagen spinnen sich um sie, etwa vom „Hardtfräulein" und dem Knopfmacherfelsen oder dem Spuk auf Schloss Bronnen bei Kloster Beuron. In diesem lebendigen Benediktinerkloster spürt man auf Schritt und Tritt das „Ora et labora" des Ordens. Hier entwickelte sich auch der „Beuroner Stil". Er richtete sich im Anschluss an das Nazarenertum gegen eine immer mehr dem Naturalismus zugewandte kirchliche Kunst.

Viele Nepomuk-Statuen säumen das Donauufer, wie hier an der 1722 erbauten Natursteinbrücke. Der Heilige soll vor den vom Wasser ausgehenden Gefahren schützen; und er ist der Wahrer des Beichtgeheimnisses. Vor allem die Jesuiten trugen zur systematischen Verbreitung des Nepomukkultes bei. Der böhmische Heilige wurde zum Schutzpatron des Ordens und auch des habsburgischen Kaiserhauses gemacht. Besonders der Bischof von Konstanz förderte den Kult. Im ganzen Bistum Konstanz, zu dem auch Oberschwaben gehörte, weihte man Kirchen und Kapellen zu Ehren des frommen Mannes aus Böhmen.

The Swabian Grand Canyon

Over a period of millions of years the Danube has been, by seeping and leaching its way through chasms and fissures, working its way through the obstruction of the towering Swabian Alps and it has really made some serious progress. The Danube has eaten its way up to a depth of 300 meters into the rock of the mountains and has thus created one of the most impressive and beautiful landscapes in all of Germany. As a result of its constant flow, the Danube has created incredibly varied rock formations including castle-like bastions, towers, spikes, cliffs, rugged walls, holes and caves. Geologists now know that these formations are attributable to the sponge reefs of a former Jurassic sea. This photo depicts the magnificent forest protruding from the rock face between *Beuron* and *Hausen*. The grey-white stone here is extremely hard and perfect for climbing, which is however only allowed in a few areas.

Die Brücke wurde erst
mals im Jahre 1782
vom Kloster Salem
[...]Im April 1945
[...]

„Der gute Ort"

Friedhöfe werden im Judentum als „gute Orte" bezeichnet. Sie sind in Deutschland oftmals die einzigen Zeugnisse einst blühender israelitischer Gemeinden. Für jüdische Friedhöfe gilt ewige Grabesruhe, die niemals gestört werden darf. Im Gegensatz zu christlichen Begräbnisstätten können sie daher nie aufgehoben werden. In Oberschwaben gab es nur die drei jüdischen Gemeinden Buchau, Kappel bei Buchau und Laupheim. In Laupheim und Buchau haben die Friedhöfe nahezu unbeschadet den Holocaust überstanden. Der Laupheimer Friedhof, eine mit einer Ziegelmauer umfasste Anlage mit über 1000 Grabmalen, liegt nahe dem Stadtzentrum am „Judenberg", bei dem auch die Synagoge stand. Der Besucher kann sich der Mystik dieser Begräbnisstätte kaum entziehen, bedrücken wird ihn aber immer das Wissen, dass viele Nachkommen der hier Ruhenden auf grauenhafte Weise ermordet worden sind.
Eng beieinander stehen die zumeist sandsteinernen Grabsteine, manche von der Erdfeuchte und der Verwitterung gezeichnet. Eingekerbt sind Inschriften und Symbole: Segnende Hände, Palmzweige oder Granatäpfel. Die Grabmale schauen nach Osten, nach Jerusalem mit seinen heiligen Stätten. In den alten Teilen der Anlage sind sie schlicht, ohne barocke Schnörkel, die Inschriften ausschließlich hebräisch geschrieben. Nur Sprachforscher können sie entziffern. Ein breiter Weg, zur Linken die Gräber der Männer, zur Rechten die der Frauen, führt zu den Grabmalen des 19. Jahrhunderts. In dieser Zeit hat sich viel gewandelt: Formen wie Pilaster, Girlanden, Vasen und neugotisches Maßwerk, kommen damals in Mode. Immer zahlreicher werden die Grabmale mit deutschen Inschriften. Auch die Grabsteine selbst dienen immer mehr der Repräsentation des Individuums, verwenden reiches Dekor. Neben den einfachen Sandstein tritt der dunkle Marmor, hier und da türmen sich auch Säulen und Obelisken. Die Friedhofsordnung ist liberaler geworden, ab 1920 werden sogar Familiengräber angelegt. All das spiegelt die gesellschaftliche Emanzipation der Juden und den Reichtum mancher Familien wider. Wie so oft im schwäbischen Raum hatte ein Reichsritter die Juden zur Hebung von „Handel und Wandel" angesiedelt. Es ist im Jahre 1734 der Kleinlaupheimer Ortsherr Carl Damian von Welden. Jede Familie muss jährlich ein „Schutzgeld" bezahlen, selbst noch im 19. Jahrhundert sind hohe Steuerlasten zu tragen. Im Nordosten des Marktfleckens, auf dem „Judenberg", entsteht ein gettoartiges Viertel. Bis um die Mitte des 19. Jahrhunderts entwickelt sich eine der größten jüdischen Gemeinden in Württemberg. 843 Personen wohnen um 1869 in ihr, leben vorwiegend vom Vieh-, Pferde- und vom Hausierhandel. Aber auch die Gründung bedeutender Unternehmen geht auf die Laupheimer Juden zurück. Später schrumpft die Gemeinde durch Abwanderung in große Städte und durch Auswanderung. Berühmtester Emigrant ist Karl Lämmle (1867–1939), der zu einem der großen Filmpioniere Hollywoods wird. Das Museum in Schloss Großlaupheim erinnert an ihn und thematisiert exemplarisch das jüdisch-christliche Zusammenleben.
Das tragische Ende der Gemeinde kam mit den Nationalsozialisten. 101 aus Laupheim stammende Juden wurden im Holocaust umgebracht. Ihre Gräber sucht man vergebens. Sie wurden nie an einem „guten Ort" bestattet.

"The Good Place"

In Judaism, cemeteries were sometimes referred to, as "The Good Place". These Jewish cemeteries are often the only remaining testimony of a once-blossoming Jewish community. Jewish cemeteries are deemed to be places of eternal peace, in which graves are never to be disturbed. This is a contrast to Christian burial places where remains can be removed. In Upper Swabia there were only three Jewish communities: *Buchau*, *Kappel* near *Buchau*, and *Laupheim*. The Jewish cemeteries in Buchau and Laupheim survived the Holocaust unscathed. Surrounded by a brick wall, the Jewish cemetery in Laupheim contains over 1000 graves. The cemetery is located near the city center in an area called Judenberg, where the synagogue also once stood. It is difficult to avoid experiencing a strange feeling while visiting this burial place, and the knowledge that many of the descendents of those who rest here were brutally murdered.

Weltarchitektur auf dem Land

Der New Yorker Stararchitekt Richard Meier hat zwischen 1989 und 1992 das Weishaupt Forum auf dem Werksgelände der Firma Weishaupt in Schwendi errichtet. Nach dem Willen des Unternehmers Siegfried Weishaupt sollte es der lebendige Mittelpunkt der heute weltweit agierenden Firma sein. Zugleich sollte es ein sichtbares Zeichen für die Weltoffenheit und die Qualitätsorientierung des Unternehmens setzen. Der Architekt hat diese Aufgabe glänzend gelöst, es entstand ein Bauwerk von außergewöhnlichem Format, das weit über Oberschwaben hinaus Beachtung findet. Wie alle anderen Gebäudeentwürfe von ihm, ist das Forum in weißer Farbe und strengen geometrischen Formen gehalten. Große Glasflächen führen Außen- und Innenraum zusammen und ermöglichen spannende Durchblicke. Der transparente U-förmige Baukomplex mit seinen Öffnungen und Durchbrüchen fügt sich vollkommen in das Grün der Umgebung ein. Ästhetik und Material wirken zeitlos. Die Beschränkung auf das Weiß gibt den Blick frei für das Gliedernde der Architektur. „Weiße Bauwerke öffnen und befreien." (W. Blaser) Das Forum ist zentrales Ausstellungs-, Schulungs- und Sozialgebäude des Unternehmens, das heute eines der international führenden für Brenner, Heiz- und Brennwertsysteme, Solartechnik, Wärmepumpen und Gebäudeautomation ist. Die Weishaupt-Gruppe zählt weltweit 3000 Mitarbeiter, in Schwendi, der Keimzelle und Schaltzentrale, sind es 1000. Das Unternehmen ist nach dem Zweiten Weltkrieg aus handwerklichen Anfängen hervorgegangen. Im damaligen Handwerksbetrieb wurden schon Gebläse entwickelt, allerdings nicht für Brenner, sondern noch für Feldschmieden und Orgeln.

In Schwendi ist auch das Forschungs- und Entwicklungszent-rum zu Hause, in dem ein hoch spezialisiertes Team von Technikern und Konstrukteuren mit der Entwicklung innovativer Produkte beschäftigt ist. Beharrlich und akribisch tüfteln diese an neuen Systemen zur Einsparung von Energie und zur Verringerung von Emissionen. Schon 1962 ist auf dem Werksgelände das Forschungs- und Entwicklungsinstitut gegründet worden. Die Konkurrenz soll damals darüber gelächelt haben.

Vor allem das kraftvolle Wachstum der Firma Weishaupt ließ Schwendi zu einer wichtigen Industriegemeinde werden, die heute rund 6300 Einwohner zählt und baulich enorm gewachsen ist. Mehrere Gebäude im öffentlichen Raum des Ortes wurden von der Unternehmerfamilie Siegfried Weishaupt ganz finanziert oder finanziell gefördert. Einen Namen macht sich die Familie auch durch ihre Sammlung moderner Kunst, die zu den bedeutendsten in Baden-Württemberg gehört. Viele Werke werden im Zentrum für Kunst und Medientechnologie in Karlsruhe und im privaten Kunstmuseum, der Kunsthalle Weishaupt, im Stadtzentrum von Ulm präsentiert. Die Sammlung folgt dabei keinem vorgegebenen Konzept, sondern nach den Worten Weishaupts „immer aus dem Bauch heraus".

20 | Schwendi, Weishaupt Forum

World-Class Architecture in the Country

Between 1989 and 1992, a famous New York architect by the name of Richard Meier constructed the Weishaupt Forum on the Weishaupt Company's land in Schwendi. According to the wishes of businessman Siegfried Weishaupt, the construction was intended to be the lively center point of the global firm. At the same time it was also supposed to represent the firm's openness to the world and dedication to its beliefs. The architect created a masterpiece of extraordinary proportions and the construction has gained recognition far beyond Upper Swabia. Like all of Meier's building designs, the Forum is defined by its white colour and severe geometrical form. The use of large glass surfaces fuses the exterior and interior together and creates some stunning vistas. The transparent U-shaped building complex with its openings and breaks makes it perfectly suited to the surrounding vegetation. The aesthetics and materials used are timeless. This complex now houses the company's central training, exhibition and employee areas. The company itself is a world leader in burners, heating and fuel systems, solar technology, heat pumps and building automation. The Weisshaupt-Gruppe employs 3,000 employees worldwide and 1,000 of those are employed in Schwendi, the control center.

Stilles Wasser

Sanft und schweigsam fließt der Krummbach dem Kloster Ochsenhausen entgegen. Dem Weg an seinem Ufer zu folgen, ist etwas für stille Genießer, es stiftet Muße und Meditation, belebt die Sinne und beflügelt die Fantasie. Der Wanderer freut sich an dem ruhig unter mächtigen knorrigen Eichen dahinströmenden Gewässer, seine Gedanken wandern vielleicht auch in die Vergangenheit – zu den Benediktinermönchen, die bis 1803 auf dem Klosterberg lebten und hier unter schattigem Laubdach ihr Brevier gebetet haben. Die mächtige Reichsabtei zählte zu den größten in Oberschwaben. Die Mönche brauchten viel Wasser für ihr Kloster. Wasser, um die Räder der Stampfen und Mühlen zu bewegen, die Wiesen zu bewässern und die Löschteiche zu füllen. Nicht zuletzt auch, um Fische heranzuziehen und so den Speisezettel in der fleischarmen Fastenzeit zu bereichern. Vor der Zubereitung in der Klosterküche „entmooste" man die Karpfen in einem eigens dafür erstellten Frischwasserbecken.

Der Platz für das 1093 gegründete Kloster auf einem erhöhten Sporn zwischen den beiden Tälern der Rottumflüsse war gut gewählt: abseits des bestehenden Fleckens, so dass ein Klosterleben ohne weltliche Störungen möglich war. Und: nirgendwo in der Umgebung sprudeln so viele ergiebige Quellen wie hier. Das Wasser dieser Hangquellen galt es zu fassen und durch einen Kanal zum Kloster zu leiten. Mit viel mathematischem Geschick haben die Benediktiner-Ingenieure das Bachbett in das abfallende Gelände eingefügt, der Bach durfte auf seinem etwa vier Kilometern langen Lauf zum Kloster möglichst wenig Gefälle verlieren, er verläuft parallel zu den Höhenlinien und wurde zum Schluss auch noch über die Wasserscheide geführt. Ein aufgeschütteter Damm unterbindet den Ausbruch des Wassers hinunter zur Oberen Rottum. Das Wurzelwerk der Pflanzen an den Kanten des Kanals verhindert die Unterspülung des Ufers. Die gepflanzten Bäume festigen das Erdreich. Ihr Schatten hält das Wasser frisch und sauerstoffreich und hemmt das Aufkommen von Wasserpflanzen. Das im Kanal hergeführte Wasser diente nur als Brauchwasser, für den Bedarf an Trink- und Brunnenwasser im Kloster haben die Mönche eine unterirdische Teuchel-Wasserleitung aus Holz- und Tonröhren in den Erddamm gelegt, der von den Krummbach-Quellen bis ins Klostergebiet führt.

Es sind nun über 200 Jahre her, dass die Mönche bei der Säkularisation aus dem Kloster verwiesen wurden. Ihr wasserbauliches Erbe

ist Gott sei Dank einigermaßen erhalten geblieben, wenn auch Pumpwerke, Mühlen und Räder die Jahrzehnte der Modernisierung nicht überstanden. Heute führt ein Wanderweg dem Gewässer entlang, Schautafeln erläutern die gefühlvoll in die Landschaft eingefügte Wasserbaukunst. Klosterherrlichkeit manifestiert sich eben nicht nur in glanzvollen sakralen Bauten, sondern ebenso im Alltäglichen. Im schwäbischen Alpenvorland finden sich vergleichbare Wasserbausysteme auch bei den Benediktinerklöstern in Weingarten und in Kempten, im „Stillen Bach" und im „Schlangenbach".

21 | Ochsenhausen, Krummbach
Still Water

The *Krummbach* flows calmly and quietly past the monastery of Ochsenhausen on its banks. To follow the water is perfect for those seeking peace and quiet. Its flow brings a sense of ease and meditation, enlivens the senses and inspires the imagination. People wandering by take a moment to pause by the mighty yet peaceful gnarled oak tree. They can't help but let their thoughts also wander – wander into the past. The Benedictines lived here at the monastery until 1803 and recited their prayers here under the canopy of foliage. This imperial abbey was one of the biggest in all of Upper Swabia. In order to turn the water wheels that powered their mashers and mills, to water their meadows and to fill their cooling ponds, the monks needed a lot of water for their abbey. They of course also caught fish from the river which livened up the menu during the period of fasting, when meat wasn't particularly plentiful. It's now over 200 years since the monks were expelled from the abbey during secularization. It is however fantastic that their feats of water engineering, to some extent, still remain.

Heimstatt der „weißen Mönche"

Wer von Tannheim her ins Tal von Haslach und Rot kommt, hat mit einem Blick das ehemalige Kloster Rot im Auge. Selbstbewusst zeigt es in seiner Geschlossenheit die Macht und die Glaubensverbundenheit dieses einst reichsunmittelbaren Klosters. Auf den sieben zierlichen Türmen sitzen wie Perücken die verschiedensten Hauben – von knappen, kaum geschweiften „Welschen Hauben" bis zu mehrfach eingezogenen Helmen. Rot ist das älteste Prämonstratenserkloster Schwabens, 1126 gegründet. Die damals noch junge Ordensgemeinschaft, benannt nach dem französischen Ursprungsort Prémontré, hatte schon sechs Jahre nach ihrem Entstehen einige der weiß gekleideten Ordensgeistlichen nach Rot entsandt. Die Seelsorge steht bekanntlich im Mittelpunkt dieses durch den heilige Norbert gegründeten Ordens. Rot entfaltete sich schnell, von ihm aus wurden weitere Klöster gegründet. Wie alle oberschwäbischen Abteien blühte Rot vor allem im Barock. Die Säkularisation 1803 brachte dann aber das Ende der Klosterherrlichkeit, Rot wurde dem protestantischen Grafen Ludwig von Wartenberg zugeschlagen. Der letzte Prälat Nikolaus Betscher, ein komponierender und dichtender Schöngeist, erhielt eine reichliche Pension. Er fällt 1808 noch einmal auf, als er sich weigert, einen württembergischen Erlass zu befolgen, nach dem alle Ordensangehörige ihren Habit ausziehen mussten. Er trug sein weißes Gewand weiter.

Tritt man von Osten durch das „Untere Tor" in das Klosterareal, kann man links an den weitläufigen Wirtschaftsgebäuden den ökonomischen Stellenwert der Abtei ermessen. Rechts dehnte sich der Klostergarten aus. Dazwischen plätschert der Mühlbach, in der ehemaligen Klostermühle lässt sich heute gut einkehren. Etwas erhöht darüber liegen die Konventgebäude. Sie gehen zum großen Teil auf den Wiederaufbau nach Bränden des Jahres 1681 zurück. Der über Eck gestellte Aureliusturm und das staffelgieblige Nachbarhaus stammen allerdings noch aus dem späten Mittelalter. Nach den schweren Verheerungen des 30-jährigen Kriegs setzte der von 1760 bis 1780 regierende Abt Mauritius Moritz gegen den Willen der Mitbrüder den Abriss der alten Klosterkirche durch und hinterließ seinem Nachfolger neben hohen Schulden auch ein angefangenes Bauprojekt, das dieser ab 1681 zu Ende bringen musste. Der Sparzwang könnte der Grund für die auffällig schlichte Fassade sein – es könnte sich an ihr aber auch schon der kühlere, Klassizismus bemerkbar machen.

Das Innere der St. Verena geweihten Kirche verbindet Vorarlberger Architektur harmonisch mit klassizistischer Dekoration. Die mächtigen kannelierten Wandpfeiler rücken jedoch nicht sehr weit in den Raum, somit entsteht der Eindruck eines großen hellen Saales. Prächtig sind die Deckenfresken mit ihren leuchtenden Farben, Januarius Zick, die beste Kraft seiner Zeit, schuf sie. Die Konventgebäude dienen heute als Jugend- und Bildungshaus der Diözese Rottenburg-Stuttgart, in den Wirtschaftsgebäuden sind kommunale Einrichtungen untergebracht. Kunstliebhabern ist zu raten, nach dem Besuch des Klosters auch die 1741 erbaute Friedhofskirche St. Johann zu besuchen. Ihr Innenraum erscheint dem Besucher wie ein Festsaal, ein barockes, von gegenreformatorischem Geist geprägtes Theatrum Sacrum.

The Home of the "White Monks"

If you travel the road that runs along the valley between *Haslach* and *Rot* and happen to be coming from the east, from *Illertal*, you will be confronted with the impressive vision of the Abbey of Rot. In its totality, this once imperial abbey confidently demonstrates the power and strength of united faith. The seven slender towers are topped with crests. The crests vary from reserved and slightly curved to bold caps with multiple recesses. Established in 1126, the Rot is the oldest Premonstratensian abbey in Swabia. The interior of the church, which is consecrated to Verena, combines the architectural style of the Voralberg region with classical décor. The massive fluted pilasters don't seem to infringe upon the space, giving the impression of a large, bright hall. The impressive, brilliantly coloured frescoes on the ceiling were created by *Januarius Zick*, a true master of his time.

Künstlersalons aus dem 19. Jahrhundert

„Die Städtische Sammlung ist von jetzt ab Sonntag von 11 bis 12 und Mittwoch von 2 bis 3 geöffnet. Außer diesen Zeiten ist sie Sommers von 9 bis 6, winters von 9 bis 4 gegen Eintrittsgeld von 20 Pfg., welches dem Diener Ihle zu entrichten ist, zugänglich." Mit diesen Zeilen kündet der „Anzeiger vom Oberland" am 21. Juli 1902 die Öffnungszeiten des neu gegründeten Museums in Biberach an. Präsentiert wird eine noch kleine „Städtische Sammlung" im Hospital zum Heiligen Geist, dieser so segensreichen sozialen Einrichtung der ehemaligen Reichsstadt. Und diese Sammlung ist ständig gewachsen. Heute, mehr als 100 Jahre später und nach einer aufwendigen baulichen Sanierung, wird dieser weitläufige mittelalterliche Gebäudekomplex der Stadt zu einem großen Teil vom städtischen Museum eingenommen. Es zählt zu den ältesten und bedeutendsten weit und breit, die vier Ausstellungsabteilungen Naturkunde, Archäologie, Geschichte und Kunst präsentieren reichhaltige Sammlungen von hohem Rang. Deutlich wird, dass sich Biberach, vor allem im 18. und 19. Jahrhundert, durch ein reiches kulturelles Leben von anderen Städten der Region unterscheidet: 1686 wurde hier die „Bürgerliche Komödianten-Gesellschaft" gegründet, ihr Leiter war der Dichter Christoph Martin Wieland, der Shakesspeares „Sturm" in deutscher Sprache zum ersten Mal auf die Bühne brachte. Auch die Goldschmiede- und Edelsteinschneidekunst, die Musik und die Malerei haben bedeutende Vertreter hervorgebracht, etwa den Maler Heinrich Schönfeld (1608-1684), einen der ganz Großen des frühen Barock in Deutschland. Im 19. Jahrhundert prägen der Maler Johann Baptist Pflug (1785-1866) und seine Schüler die Bildende Kunst. Das Mu-

seum kann viele Exponate dieser Künstler präsentieren. Glanzstücke der Kunstsammlung sind auch die Gemälde und Holzschnitte des Expressionisten Ernst Ludwig Kirchner (1880-1938) und Bilder des im nahen Winterreute wirkenden Jakob Bräckle (1897-1987). Das Museum Biberach führte lange Jahre den Namen „Braith-Mali-Museum", und bei einem Besuch fällt bereits im Innenhof des Häusergevierts ein Denkmal für die beiden Künstler Anton Braith und Christian Mali ins Auge. Der in Biberach als Sohn eines Tagelöhners geborene Anton Braith (1836-1905) war Tiermaler und brachte es in München zu großem Wohlstand. Seit 1891 Ehrenbürger der Stadt, fördert er, wie sein Lebensgefährte Christian Mali (1832-1906), das junge Museum auf großzügige Weise. Beide hinterlassen nach ihrem Tod der Stadt 80 000 Goldmark, ein Millionenbetrag nach heutiger Kaufkraft. Und sie hinterlassen ihren künstlerischen Nachlass, der entscheidende Impuls für die Gründung des Museums. Aus München werden die altdeutschen Salons der beiden Künstler nach Biberach übertragen. Die Aufnahme zeigt diese Salonräume. Sie sind heute mit ihren kunstvollen Decken, Täferungen und natürlich den Gemälden und Skulpturen die einzigen vollständig erhaltenen Künstlerateliers des 19. Jahrhunderts und bieten einen stimmigen Eindruck in die Lebenswelt zweier wichtiger Vertreter der Münchner Malschule. Braith, der als Kind das Viehhüten lernte, galt als einer der führenden deutschen Tiermaler. Vor allem die Nutztiere Rind, Schaf und Ziege hatten es ihm angetan. Abnehmer fand er genug in seiner Zeit, da sich die Städter im aufkommenden Zeitalter der Industrialisierung nach dem unverfälschten Landleben zurücksehnten.

Artist's Workshops from the 19th Century

The Braith-Mali Museum in Biberach is one of the oldest and most important museums both near and far and its exhibition areas devoted to natural history, archaeology, history and art, contain impressive collections of the highest caliber. Biberach was recognised, especially during the 18th and 19th century, as being a city full of vibrant culture. In the 19th century the painter Johann Baptist Pflug (1785-1866) and his students left their mark upon the city with their distinctive artwork. The museum has exhibited many of Pflug's works. Paintings and woodcuttings from expressionist *Ernst Ludwig Kirchner* represent some of the gems of the art collection. Anton Braith (1836-1905), the son of a day labourer, was

born in Biberach. He was an animal painter and became a great success in Munich. He became an honourary citizen of Biberach in 1891 and, along with his life companion Christian Mali (1832-1906), heavily promoted the museum. When they died, they bequeathed 80,000 Goldmarks and their artwork to the city of Munich. This was the decisive stimulus for the establishment of the museum. Both of their Old German artist's workshops were brought to Biberach and can be seen in the photo. The workshops, with their artistic ceilings, panels, paintings and sculptures, are the only fully complete and preserved 19th century artist's workshops of their kind in Germany.

Kornland Oberschwaben

Weiträumige Ackerfluren, maschinentaugliche Parzellen, einförmige Flächen ohne Feldraine und Gehölze. Auf dem braunen Land bestellt ein einsamer Landwirt den Boden. Das Foto, südlich des Bussens aufgenommen, offenbart, dass sich auch in Oberschwaben die Landwirtschaft in rasantem Tempo verändert. Viele Betriebe haben in den letzten Jahrzehnten aufgegeben, die verbliebenen stockten auf, steigerten die Tierbestände und die Erträge, mechanisierten und spezialisierten. In der Landschaft dominieren inzwischen die Felder mit Weizen, Gerste und Mais, wogegen arbeitsintensive Produkte wie Kartoffeln oder Hackfrüchte kaum noch zu sehen sind. Man spricht von Vergetreidung und Vermaisung. Spürbar ist der Wandel auch in den Dorfkernen, in denen manchmal keine einzige Kuh mehr steht und die ausgedienten landwirtschaftlichen Gebäude abgerissen oder umgenutzt werden.

Das nördliche Oberschwaben mit seinen guten agrarischen Voraussetzungen war immer schon ein wichtiges Getreideanbaugebiet, ein „Brotland", wie es Michel Buck (1832–1888), der Heimatforscher und Mundartdichter, in einem seiner Gedichte schreibt. Die Überschüsse gingen häufig per Frachtschiff über den Bodensee in die Schweiz, dem Buck'schen „Milland" (Milchland).

Die mächtigen Kornhäuser in den Städten und Klöstern sind beredtes bauliches Zeichen für den so wichtigen Getreidebau. Der Roggen diente für den Eigenverbrauch, sein langes Stroh war zum Dachdecken und für die Einstreu gut zu gebrauchen. Bedeutsam war auch der Anbau von Dinkel, geschätzt nicht nur als Brotfrucht, sondern auch beliebt für „Spätzle" und „Knöpfle". Weizen und Gerste haben heute den Dinkel bis auf geringe Reste verdrängt. Wie überall im Südwesten ist derzeit der Weizen die bedeutendste Fruchtart. Zugenommen hat auch der Anbau von Getreide zu Futterzwecken oder für Biogasanlagen. Ebenso findet der Mais Verwertung in den Biogasanlagen, sein allzu forcierter Anbau stößt auf manche Bedenken bei den Ökologen. Alles in allem sind die Erträge in den letzten Jahrzehnten gewaltig erhöht worden. Das ist aber nur durch hohen Einsatz von Kapital, Energie, Mineraldünger, Pestiziden und Herbiziden möglich, was wiederum den Boden und das Wasser belastet und die Artenvielfalt verringert. Dankbar muss man sein, wenn manche Landwirte Freiräume für Pflanzen und Tiere schaffen, etwa die sogenannten Lerchenfenster. Sie sparen bei der Aussaat einige Flächenareale aus, auf deren schütterer Vegetation die Feldlerche Nahrung suchen und brüten kann.

Upper Swabian Grain Country

Broad acres of agricultural land organized to be worked by machines. Uniform areas devoid of meadows and trees. On the brown land, one lone farmer tills the soil. The photo was taken south of *Bussen* and demonstrates that farming in Upper Swabia changes at a rapid pace. In recent decades many farmers have given up. Those who remain have increased their holdings, animal stocks and crop yields, and have mechanized and specialized. The landscape has been taken over by crops of wheat, barley and corn. These days, work intensive crops such as potatoes and root crops are few and far between.

25 | Bad Buchau, Federsee
Naturparadies und Gesundbrunnen

Feste und Jubiläen – das lieben die Oberschwaben. Wenn aber, wie 2011 in Bad Buchau geschehen, der 100-jährige Geburtstag eines Holzstegs gefeiert wird, mutet das schon erstaunlich an. Gefeiert wurde der Federseesteg. 1911 erbauten ihn die Buchauer durch den Schilf- und Moorgürtel hin zum offenen Wasser, 1,5 Kilometer ist er lang. Unzählige Besucher haben seitdem diesen Laufsteg vom Moorbadstädtchen Buchau aus in ein faszinierendes Naturparadies genutzt, in dem nicht weniger als 265 Vogelarten brüten und viele seltene Pflanzen wachsen. Etwa eine Viertelstunde dauert der Spaziergang hinaus auf den See. Berühmt sind die darin vorkommenden geradezu

urweltlichen (Federsee-)Weller, Europas größte Süßwasserfische. Sie gelten in der heimischen Gastronomie als ausgesprochene Delikatesse. Urtümlich muten auch die großartigen Funde im Federseemuseum an. Mit bis zu neun Meter langen Einbäumen befuhren unsere Vorfahren den See. An seinem Ufer fortschreitender Verlandung legten die Menschen der Steinzeit mehrere Siedlungen an. Hauspfosten, Knochen, Waffen und Geräte konservierten sich im Torf besonders gut. Im Museum wird seit zehn Jahren das Konzept „Archäologie live" professionell und mit pädagogischer Finesse konsequent umgesetzt. Museum und Federseebecken

zählen heute zu den Schlüsselregionen archäologischer Forschung in Südwestdeutschland. Das Federseebecken ist in der Eiszeit ausgeschürft worden, das Wasser sammelte sich darin zu einem riesigen Eisstausee, der im Laufe der Jahrtausende auf natürliche Weise verlandete. Heute ist er nur noch etwa zwei Meter tief, umfasst nur noch 1,4 km². Er ist damit zwar drittgrößter See Baden-Württembergs, aber noch vor 200 Jahren war er acht Mal größer. Moor- und Seeflächen umgaben damals das inselartige Reichsstädtchen Buchau. Um Land und Torf zu gewinnen, hatte man 1789 und 1808 den Seespiegel abgesenkt. Und seit diesen mensch-

lichen Eingriffen ist noch einmal ein großer Teil des Sees auf natürliche Weise verlandet. Für die entscheidende Seefällung war die letzte Fürstäbtissin des Damenstifts Buchau, Maximiliane von Stadion-Warthausen, verantwortlich. In diesem Stift führten unverheiratete Töchter meist oberschwäbischer Adelsfamilien ein standesgemäßes Leben – fromm und frei. Nicht in der Kutte, nicht in der Zelle. Jede in einer Wohnung nebst Zofe. Sie nahmen ihre Gebetspflichten wohl recht locker und waren nicht allzu strengen Regeln unterworfen. Sie konnten die Freuden des Lebens genießen, einige Zeit abwesend sein und sogar ungehindert aus dem

Stift austreten und heiraten. Während die Reichsäbtissin mehrspännig auf Reisen ging, musste einst der Bürgermeister (und Federseefischer) Daniel Buggenhew barfuß, mit nur wenigen Kreuzern im Sack, bis Speyer zum Reichstag gehen – so berichtet die Zimmer'sche Chronik. Das ist Vergangenheit. Heute ist Bad Buchau eine lebendige Stadt mit viel besuchten Gesundheits- und Kureinrichtungen. Das ehemalige Stift der geistlichen Damen beherbergt jetzt die Schlossklinik. In der Adelindis-Therme sprudelt aus 800 Metern Tiefe das kostbare, noch 47 Grad heiße, heilkräftige Nass aus der Erde hervor – neben dem Torf eine Quelle der Gesundheit.

25 | Bad Buchau, Federsee
A Natural Paradise

Celebrations and anniversaries set Upper Swabian life apart. However, the celebration of a wooden walkway's hundredth birthday, as happened in *Bad Buchau* in 2011, is a little out of the ordinary. The celebrated walkway was the *Federseesteg*. The 1.5 km long walkway was built by the people of the mud spa town of Bad Buchau in 1911 in order to bridge a marsh and access open water. Uncountable numbers of visitors have visited the walkway and seen the fascinating natural paradise, which contains no less than 265 types of birds and rare plants. A walk along the walkway takes about 15 minutes. Also worthy of mention is the presence of the almost primeval Wels Catfish,

Europe's largest freshwater fish. The Wels Catfish is regarded in the local cuisine as a real delicacy. The basin of the Federsee was created in the last ice age. Water from the melting glacier collected and formed a huge proglacial lake, which over the course of centuries naturally silted up. Today the lake is only about two meters deep and covers an area of 1.4 km². The *Federsee* is the third-largest lake in *Baden-Württemberg*, and 200 years ago it was eight times as big as it is today.

Eine Burg aus Holz

Eine hölzerne Burg. Das ist ungewöhnlich für Oberschwaben, in dem die wehrhaften Gemäuer sonst aus Feldsteinen und Findlingen zusammengefügt sind. Aber im Mittelalter gab es die hölzernen Burgen, die meist auf künstlich aufgetürmten Hügeln standen. Man nannte sie „Motten". In dem heute 470 Seelen zählenden Dorf Kanzach zwischen Bad Buchau und Riedlingen stand eine solche Motte. Angehörige des niederen Adels lebten darin. Und die heutigen Bewohner von Kanzach wollten diese Burg wieder haben, nachdem der Archäologe Karl Banghard den Bürgermeister Rudolf Obert und den Gemeinderat für diese Sache gewinnen konnte. Zwischen 1999 und 2004 rekonstruierten sie diese in enger Kooperation mit Archäologen, Historikern, Architekten und traditionell arbeitenden Handwerkern. Die EU finanzierte einen großen Teil des Projekts über das „Leader"-Programm. Das Nachrichtenmagazin „Der Spiegel" sprach damals von „vergebenen Fördergeldern", heute besuchen jährlich rund 25 000 Gäste die Burg und bescheren dem Dorf viele Übernachtungen.

Ins Auge fällt der eindrucksvolle Wohnturm. Daneben stehen Bauernhaus, Scheune, Schmiedeschuppen, Speicher und Backofen. Nicht nur die Gebäude, sondern auch die Ausstattung, vom Spielzeug bis zum Werkzeug, sind nach mittelalterlichen Vorbildern gestaltet. Eine wehrhafte Palisade umschließt die ganze Anlage. Durch das Gelände fließt die Kanzach, die das Federseebecken entwässert; daher der Name „Bachritterburg".

Bei Familien und bei Schulklassen ist die Bachritterburg besonders beliebt. Sie nutzen die museumspädagogischen Angebote und haben an den Spielgeräten außerhalb der Burg ihre Freude. Die Kinder schlüpfen in die Rollen des Pagen Peregrinus und des Knappen Ortolf und erfahren von den entbehrungsreichen, aber auch den glücklichen Seiten des Kinder-Alltags im Mittelalter. Fragen über Fragen werden gestellt und beantwortet: Welche Namen hatten die Kinder? Konnten sie lesen und schreiben? Gab es schon Spielzeug? Warum musste mancher Junge schon mit sechs Jahren als Page auf eine andere Burg ziehen? Wann wurde er zum Ritter geschlagen? Regelmäßig wird die Burg auch von Freunden des Mittelalters bevölkert. Bekleidet als Adelsdamen und Ritter, als Knechte und Mägde oder als Handwerker und Kaufleute stellen sie beispielsweise einen fiktiven mittelalterlichen Tagesablauf dar, kochen überlieferte Rezepte nach oder pflegen alte Handwerkstechniken. Als „Living History" bezeichnet man diese Auseinandersetzung mit der Vergangenheit. Sie ist derzeit en vogue und fordert oft hohen wissenschaftlichen Anspruch ein. Penibel und historisch authentisch wollen es etwa die Handwerker, wenn sie eine Armbrust aus zähem Holz und aus Sehnen des Steinbocks fertigen oder vorführen, wie Kettenhemden „gehäkelt", Naturfarben gewonnen und Stoffe eingefärbt werden. Diese experimentelle Archäologie, bei der Abläufe, die nicht mehr oder nur bruchstückhaft überliefert sind, praktisch nachvollzogen werden, kann der Wissenschaft wertvolle Anregungen verschaffen.

A Wooden Castle

A castle made of wood is uncommon in any area, especially when fortifications are usually made of stones and boulders. However, in the Middle Ages wooden castles existed, often built on top of steep man-made hills. These castles were called "Motten". Between *Bad Buchau* and *Riedlingen*, in the village of Kanzach (population: 470), such a castle still exists. Members of the lesser nobility used to live there. The inhabitants of Kanzach wanted the castle back, and this feat was achieved through the efforts of archaeologist Karl Banghard, the local council and Mayor Rudolf Obert. Between 1999 and 2004, in a cooperative effort between archaeologists, historians, architects and traditional craftsmen, the castle was

reconstructed and refurbished. Today, around 25,000 visitors come to the castle annually and many of them stay overnight in Kanzach. The castle keep is particularly impressive and nearby one finds a farmhouse, barn, blacksmith's sheds, granary and baker's oven. Not just the buildings, but everything from toys to tools is appointed in medieval style. A defensive wall surrounds the entire grounds. The Kanzach Stream, which flows into the Federsee Basin, flows through the grounds as well. This particular feature gives the castle its name: 'River Knight Castle'.

Sitz der Weisheit

Klosterbibliotheken als große zweigeschossige Räume mit säulengetragenen Galerien, allegorischen Schnitzfiguren und Deckengemälden sind eine Erfindung des Barock. Wie Festsäle sind sie ausgestattet. Sie zeigen, dass die Klöster Hochburgen der Wissenschaft waren. Sie sollten aber auch Besucher und Gäste eines Stiftes vom künstlerischen und wissenschaftlichen Anspruch des Konvents überzeugen. Ein Juwel des Rokoko ist der Bibliothekssaal des ehemaligen Prämonstratenserklosters in Bad Schussenried. Er zählt zu den schönsten seiner Art, ist ein heiterer beschwingter Raum voller Anmut. Wer ihn an einem sonnigen Tag, der die Farben zum Leuchten bringt, auf sich wirken lässt, ist fasziniert und entzückt zugleich. Steigern kann den Genuss nur ein Konzertbesuch an gleicher Stelle. Da lässt sich sogar verschmerzen, dass die zartblauen Bücherschränke seit der Säkularisation samt und sonders leer sind. 30 000 Bücher, darunter wertvolle Handschriften und Wiegendrucke, sollen in den Regalen gestanden haben.

Alle Kunstwerke, einerlei ob gemalt, stuckiert oder geschnitzt, fügen sich zu einem tiefsinnig durchdachten Bildprogramm, das die Bibliothek als einen Hort des Wissens und der Wissenschaft feiert. Die beteiligten Künstler waren Meister ihres Fachs. Das riesige Deckengemälde, wohl von Abt Nikolaus Cloos „erfunden" und vom fürstkemptischen Hofmaler Franz Georg Hermann 1756/57 ausgeführt, ist eine umfassende Auseinandersetzung mit der Welt in einer dialektischen Schau zwischen Altem und Neuem Testament, Kirchen- und Weltgeschichte, heidnischer Antike und christlichem Abendland. Wir

sehen die großen Gestalten der Kirchengeschichte, Propheten und Heilige, Philosophen und Kirchenlehrer, Päpste und Kaiser, Wissenschaftler und Erfinder. Da erscheint in einer Figurengruppe der Fliegende Chorherr Kaspar Mohr mit seinem selbst gebastelten Fluginstrument, vielleicht ein Vorbild des Schneiders von Ulm, dicht dabei, warnend seinen Zeigefinger hebend, der antike „Flugpionier" Daedalus. In der gleichen Bildgruppe kauert der asketische Philosoph Diogenes in seiner Tonne, unmittelbar daneben der fromme oberschwäbische Ordensmann Hermann der Lahme, dem das „Salve Regina" zugeschrieben wird. Sogar die Gegenwelt der Irrlehren – der Hussiten, Lutheraner, Freimaurer und anderer – vergaß man nicht. Die im Barock so beliebten Putti verkörpern die Ketzereien und weisen auf den „rechten", den katholischen Glauben hin. Vieles im Barock ist schließlich aus dem Geist der Gegenreformation zu verstehen.

Die Bibliothek ist der Glanzpunkt des Klosters, das im Jahre 1183 gegründet wurde. Gemälde des Malers Januarius Zick schildern in der barock erneuerten Klosterkirche anschaulich das Leben des Ordensgründers Norbert, das reich verzierte Chorgestühl dort sucht seinesgleichen. Die Abtei entwickelte sich zu einer weitläufigen Anlage, Pläne eines barocken Klosterneubaus konnten allerdings nur zum Teil verwirklicht werden, das Geld ging aus. Und mit der Säkularisation 1803 war die Klosterherrlichkeit ohnehin zu Ende. Im Jahre 1810 ließen die neuen Landesherren auf 35 Ochsenkarren in 141 Kisten die Bücher der Bibliothek nach Stuttgart fahren. Die Werke sind seitdem in alle Winde zerstreut.

A Place of Wisdom

The library hall in Bad Schussenried's former Premonstratensian monastery is a jewel of the Rococo style, and one of the most beautiful of its kind in Europe. It is a bright and cheerful hall full of elegance. Those lucky enough to see the hall, with its colours illuminated by rays of sunshine, cannot help but be fascinated and enchanted at the same time. All the works of art (paintings, carvings and stuccoes) together form a profound and elaborate iconographic series. The library is celebrated as a refuge of knowledge and science. The contributing artists were

truly masters of their craft. The imposing ceiling painting was commissioned by Abbot Nikolaus Cloos and carried out by the Prince of Kempten's court painter, Franz Georg Hermann during the years of 1756 and 1757. It portrays a sweeping analysis of the world in a dialectic vision between the Old Testament and New Testament, between church history and world history, and between heathen antiquity and the Christian West.

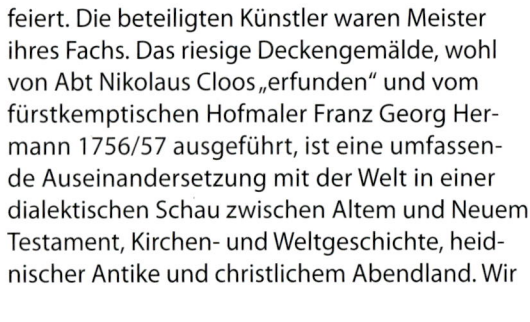

Barockes Juwel

Mit Lob gehen die Oberschwaben im Allgemeinen sehr sparsam um. Sie sagen: „It g'schimpft isch gnuag g'lobt." Aber „ihr" Steinhausen können sie nicht genug loben und preisen – als Barockjuwel oder als Perle an der Barockstraße. In der Tat: Ihre Kirche ist ein Meisterwerk von höchstem Rang. Im goldenen Abendlicht erhebt sie sich geradezu majestätisch über die Dächer des kleinen Steinhausen. Sie gilt als die „schönste Dorfkirche der Welt". Wenngleich sie nicht für die Dorfbewohner erbaut worden ist, sondern von der Reichsabtei Schussenried als Wallfahrtskirche zur Schmerzhaften Muttergottes. Das viel verehrte Gnadenbild, die hochgotische Pietà im Chor, ist ihr Ziel. Abt Didacus Ströbele als Bauherr und die kongenialen Künstlerbrüder Zimmermann – Dominikus als Architekt und Stuckateur, Johann Baptist als Freskant – haben in den Jahren 1728 bis 1733 diesen „Ehrensitz Mariens" geistreich erdacht und geschaffen, zur himmlischen und zur eigenen Glorie.

Schon das Äußere mit den Schweifungen und Schwingungen an Turm, Gesimsen, Fenstern und Giebeln ist ungewöhnlich. Den 78 Meter hohen Turm krönt das im Barock beliebte Doppelkreuz. Das Innere übertrifft alle Erwartungen, es ist überwältigend, verschwenderisch, kostbar und kunstvoll. Architektur, Malerei und Stuck fügen sich zu einem großartigen Ganzen. Alles wirkt licht und leicht. Der Kunstfreund kann sich nicht sattsehen am verspielten Stuck, den schwungvollen Balustraden, den Fresken in ihrer heiteren Farbigkeit und den unzähligen Engeln und Heiligen. Erstmals in Deutschland rundete der geniale Baumeister das Langhaus zu einem

Oval, das zehn frei stehende, schlanke Pfeiler umgeben. Diese in Weiß gehaltene und vom Licht weich umflutete Pfeiler enden in der Höhe in einem überschäumenden Dekor. Nicht eine Linie ist dort gerade. Überhaupt richtet sich der Blick immer wieder nach oben, zu den in den Himmel hineinwachsenden Deckenfresken. Und auch Kinder sind begeistert bei der Suche nach täuschend echten Tieren: Eichhörnchen, Specht und Kuckuck, Elster, Schmetterling und Schnecke – alle getreu nach der Natur stuckiert, einbezogen in das Gotteslob und in Anspielung auf das Paradies, welches im Hauptfresko als „geschlossener Garten" (hortus conclusus) dargestellt ist.

All das wäre ohne einen Bauherren von großer Liebe für die Kunst und die heitere Lebensart nicht entstanden. Der aus Biberach stammende Abt Didacus Ströbele hat die Fantasie der Künstler nicht eingeschränkt, er ließ ihnen vielmehr freien Lauf. Was sich rächen sollte! Die nach fünfjähriger Bauzeit entstandene Kirche kostete 43 271 Gulden, dabei hatte der Konvent nur 9000 Gulden genehmigt. Was folgte, war eine außerordentliche Visitation durch die Ordensoberen, bei der es „ärger zugegangen wie im schwedischen Krieg", so ein zeitgenössischer Chronist. Entscheidend war wohl auch lang angesammelter Groll der Amtskollegen, denen die lockeren Zügel des Abtes im Schussenrieder Konvent missfielen. Didacus Ströbele musste abdanken. 1748 starb er als einfacher Mönch in einem Kloster in Lothringen. Es war eben kein Leichtes, barocken Repräsentationswillen und schwäbische Sparsamkeit in Einklang zu bringen.

A Baroque Jewel

As a general rule, the people of Upper Swabia are not particularly generous with praise. However, there is one thing that they can't seem to praise enough. They call *Steinhausen* a jewel of the Baroque, a pearl on *Barockstraße*, and the home of the most beautiful rural church in the world. The church is truly a masterpiece. In the golden light of dusk, the church rises majestically over the roofs of the village of Steinhausen. The church was built by the imperial abbey of *Schussenried* as a pilgrimage church dedicated to the Virgin Mary. The pilgrims' destination is the highly revered, high-gothic Pietà, which

is located in the chancel. The church was built between 1728 and 1733, with Abbot Didacus Ströbele as head of construction and the congenial *Zimmerman* artist-brothers *Dominikus* as architect and plasterer and *Johann Baptist* as fresco artist. Together they brilliantly conceived and built this church for the honour and heavenly glorification of the Virgin Mary.

Ein Dorf als Museum

Am 1. Dezember 1663 wurde der Taglöhner Balthus Lipp vom Abt des Klosters Schussenried mit einem „Gütle" belehnt, auf dem er ein Jahr später ein Haus baute: zweigeschossig, mit Scheuer und Strohdach. Dieses Haus sollte rund 300 Jahre später zur Keimzelle des Oberschwäbischen Museumsdorfes Kürnbach bei Bad Schussenried werden. Das Gebäude stand in den 1960er-Jahren vor dem Verfall und wurde am Originalstandort renoviert. Heute scharen sich um dieses als Kürnbachhaus bezeichnete Gebäude weitere 31 historische Bauten aus sechs Jahrhunderten. Sie wurden nach und nach transloziert, das heißt an verschiedenen Orten des mittleren und nördlichen Oberschwabens ab- und im Museumsgelände wieder aufgebaut. Grundsätzlich ist zwar der Erhalt eines Bauernhauses in situ, also an Ort und Stelle, aus historischer und konservatorischer Sicht die beste Lösung. Auf die Dauer geht das aber erfahrungsgemäß selten gut, der Faszination des Fortschritts kann vielleicht die alte Generation, nicht aber die nächste standhalten.

Wie sah der alte Bauernhof in Oberschwaben vor all den vielen Veränderungen unserer Zeit aus? Das Haus des Balthus Lipp und die meisten der Höfe im Museum verkörpern das Altoberschwäbische Eindachhaus, den wichtigsten Typus in Oberschwaben. Wohnen und Wirtschaften sind unter einem Dach vereint. Ein steiles, mit Stroh- oder Schilfbündeln bedecktes Voll- oder Halbwalmdach gibt ihnen die besondere Note. Die Wände bestehen aus behauenen, übereinandergelegten Kanthölzern (Blockwerk- oder Bohlenständerwerk), aber auch, wie im Obergeschoss des Kürnbachhauses, aus (Riegel-)Fachwerk, dessen Gefache mit verschiedenen Materialien ausgefüllt wurden. Ausschließlich gemauerte Bauernhäuser gab es in Oberschwaben nicht. In seiner Funktion wird ein großer Hof durch kleinere Bauten ergänzt: Backhaus, Speicher oder Altenteil. In Kürnbach kann der Besucher auch eine Zehntscheuer, ein Hirtenhaus, ein Austraghaus, eine Schmiede, eine Ziegelhütte sowie einige dörfliche Einrichtungen bewundern. Er erfährt dabei meistens auch, dass das keine namenlosen Häuser sind und sich in ihnen oft persönliche Schicksale spiegeln. So weiß man vom Kürnbachhaus, dass Balthus Lipp schon vier Jahre nach dessen Bau gestorben ist und er viele Kinder und große Schulden hinterlassen hat. In manchen der Gebäude sind Werkstätten eingerichtet, und alle sind mit passendem altem Inventar ausgestattet, mit Bekleidungsstücken, Hausrat, Möbeln, Arbeitsgeräten und Fahrnis. Ein wahrer Augenschmaus sind die Obstwiesen mit den alten Apfelsorten und die herrlichen

Bauerngärten, in denen allerlei heilende Kräuter und „Unkräuter" zu entdecken sind. Indes wird der Besucher auch die Einsicht bekommen, dass nicht allein Idylle, Gemütlichkeit und Nähe zur Natur einst das ländliche Leben bestimmten, sondern ein langer Arbeitstag, die Enge der Räume, die Kälte der Kammern, die Abhängigkeit von der Herrschaft, Unwetter, Entbehrung und Not. Auch für Kinder und junge Leute kann das manch heilsame Einsicht bewirken.

29 | Kürnbach
A Village-Sized Museum

On December 1st, 1663, a day labourer by the name of Balthus Lipp was granted a piece of land by the Abbot of Schussenried Abbey. One year later, he built a two-storey house with a thatched roof and barn. Around 300 years later this house became the nucleus of the Upper Swabian museum village of *Kürnbach* near *Bad Schussenried*. In the 1960s the building was in a state of disrepair and was renovated on-site. Today, there are another 31 historical buildings clustered

around the so called *Kürnbachhaus*. Together they cover a period of six centuries. Over a period of time they were transplanted. This means that they were deconstructed in their original locations in middle and northern Upper Swabia and then reconstructed in the museum-village area. Of course the best solution from a historical conservation standpoint would be to preserve the farmhouses intact in their original locations. However, experience has proven that over the

long run this often doesn't work out well. The older generations managed to withstand a complete obsession with almighty "Progress" but one can never be sure what the future may bring.

Eintauchen und aufleben

Eintauchen und aufleben: so lautet das Motto für kleine und große Wasserratten in der Schwaben-Therme in Aulendorf. Eintauchen kann man selbst an kalten Wintertagen! Aber es bleibt nicht nur beim Baden im warmen Wasser, vielmehr wird alles Menschenmögliche getan, um die Besucher fit und gesund zu machen, sie in angenehmer Atmosphäre entspannen und ausspannen zu lassen. Wie in den anderen oberschwäbischen Thermalbädern werden Bade- und Saunaspaß, Wellness und Fitness in allen Varianten ange-

boten, sogar in einem „Römerbad" kann man es sich wohl sein lassen. Das Freizeitbad mit einer Riesenwasserrutsche, Whirlpool, Strömungskanal und „Gaudiwurm" bietet zudem alles für Spiel und Abenteuer. Das Besondere in Aulendorf ist jedoch das Glaskuppeldach, ein schalenförmiges technisches Wunderwerk. An besonders warmen Tagen wird eine Halbschale eingefahren, und dann ist das Schwaben-Bad nicht nur ein Thermalbad, sondern auch ein traumhaftes Freibad. Ein besonderes Geschenk der Natur ist das Ther-

malwasser, das Hohlräume des Weißen Jura in rund 800 Meter Tiefe füllt und mit 54 Grad an die Oberfläche kommt und auf erträgliche 33 Grad abgekühlt wird. Wie so oft in oberschwäbischen Thermalquellen ist es schwefel- und fluoridhaltig. Das ist Balsam bei chronischen Erkrankungen des Bewegungsapparats, bei Rheuma sowie Störungen des Nerven- und Kreislaufsystems.

30 | Aulendorf, Swabian Spa
Take the Plunge and Revive

At the Swabian Spa in Aulendorf, the motto for water lovers both young and old is "Take the Plunge and Revive". However, it's not just about bathing in warm water. Everything humanly possible is done to help the visitors to get fit and healthy and also to kick back and relax in a comfortable environment. Just like in other spa baths in Upper Swabia, all kinds of bathing and sauna fun and fitness options are on offer. In the "Roman Bath" it's especially easy to relax and recuperate. The recreational pool, with its

huge waterslide, hot tub, and jet stream canal has got everything you need for fun and adventure. The thing that sets the Therme in Aulendorf apart is its glass-dome roof; truly a technical marvel. On especially hot days the roof is half-retracted, turning the *Schwaben-Therme* into an open-air spa. One of nature's most wonderful gifts is the thermal water which comes up to the surface from caverns formed during the Upper Jurassic period, located 800 meters below the surface. When the water reaches the surface it is

54˚ Celsius. The water is then cooled to a more bearable 33˚ Celsius. Like most thermal springs in Upper Swabia, the water is rich in fluoride and sulfur. The minerals act as a remedy for chronic muscular and skeletal illness as well as rheumatism and nervous and circulatory problems.

Unter dem Zeichen des Schwarzen Kreuzes

Es ist eine Ironie der Geschichte, dass sich ausgerechnet das Haus Württemberg, das vor 1803 südlich der Donau nie Fuß fassen konnte, in Oberschwaben niedergelassen hat. Zunächst mit Sommerresidenzen in Weingarten und in Friedrichshafen am begehrten Bodensee. Nach dem Thronverzicht des letzten württembergischen Königs 1918 wurde Altshausen zur zweiten Heimat der Württemberger. Herzog Carl von Württemberg und seine Familie wohnen heute im ehemaligen Deutschordensschloss in Altshausen – sie wären das Königspaar, gäbe es die Monarchie noch. Beachtung in der Öffentlichkeit findet dies, wenn „standesgemäße" Ereignisse anstehen, etwa eine Hochzeit oder ein runder Geburtstag, und der europäische Adel und hochrangige Gäste aus Politik und Wirtschaft im Schloss zu Gast sind.

Wer aber residierte hier vor den Württembergern? Die Antwort darauf gibt ein in Altshausen allgegenwärtiges schwarzes Kreuz auf weißem Grund. Es ist das Wappen des Deutschen Ordens. Altshausen gelangte durch Schenkung im 13. Jahrhundert an den während des dritten Kreuzzugs entstandenen Orden. In Altshausen entwickelte sich die reichste Niederlassung (Kommende) der Ordensprovinz. Seit dem 15. Jahrhundert war es sogar Sitz einer mächtigen Komturei, welcher 26 Kommenden unterstellt waren. Die mittelalterliche Anlage sollte im Barock nach einem Idealplan zu einem großartigen Schlosskomplex umgebaut werden. Das alles überragende Vorbild von Versailles wirkte demnach bis in die oberschwäbische Provinz. Johann Caspar Bagnato, der berühmte Baumeister des Deutschen Ordens, begann mit diesem Vorhaben, stellte bis 1733 den Torbau, den Marstall, die Reitschule und das Theater fertig. Bemerkenswert ist auch, dass die Schlossanlage und die Allee in ihrer Symmetrie nach Jerusalem ausgerichtet sind. Auf der mehrere tausend Kilometer langen Strecke weicht die Achse nur um wenige Kilometer ab. Es folgten weitere Aus- und Umbauten, aber die Gesamtanlage blieb ein unvollendeter Torso. Das zentrale Barockschloss fehlt nämlich. Gleichwohl: Alles was wir erblicken, ist eindrucksvoll genug, um die einstige Macht der Komturei zu bekunden. Der Gast tritt durch den repräsentativen Torbau und sieht sich in einem parkähnlichen Areal. Auf der linken Seite erstrecken sich die Wohntrakte aus dem Mittelalter, rechts liegen die barocken Bauten. Die Schlosskirche, jetzt Pfarrkirche St. Michael, wurde unter der Regie Bagnatos barockisiert. Wiederum entdecken wir an vielen Kunstwerken das obligatorische schwarze Kreuz des Ordens. In der Gruftkapelle fanden die Komture ihre letzte Ruhe. Wieder zurück im Innenbereich freut man sich an der gepflegten Anlage mit ihren prächtigen Baumveteranen. Und da ist noch etwas: Wie Tupfer eingefügt sind fantasievolle plastische Arbeiten aus Blech und Bronze, deren Themen sich meist mit dem Phänomen der Metamorphose beschäftigen, der Verwandlung von Menschen in Tiere, Pflanzen oder Steine. Die Künstlerin ist Diane Françoise Maria da Glória, die Gemahlin Herzog Carls.

The House of Württemberg

It is one of history's ironies that the House of Württemberg, which before 1803 could never set foot south of the Danube, is now located in Upper Swabia. Following the last king of Würtemberg's abdication in 1918, Altshausen was chosen as the "second home" of the Württembergs. Duke Karl of Württemberg and his family now live in the one-time castle of the German Order in Altshausen and, if there was still a monarchy, he and his wife would be the royal couple. The wealthiest branch of the German Order developed in Altshausen. The medieval layout of the grounds was intended to be rebuilt into an impressive castle complex during the baroque period. The inspiring example of Versailles, in this regard, even had an influence on the province of Upper Swabia. The famous master builder of the German Order, *Johann Caspar Bagnato*, began the undertaking and by 1733 had completed the gatehouse, royal stables, riding school and theatre. It is also worthwhile to note that the layout of the castle complex and avenues are oriented towards Jerusalem. Spread throughout the grounds are fantastically vivid creations of sheet metal and bronze. The artist is *Diane Françoise Maria de Glória*, the Duchess of Württemberg.

Malerische Stadt am See

Der See und das mittelalterliche Stadtbild mit seinen hoch aufragenden Türmen und Giebeln: so sieht das unverwechselbare Gesicht von Bad Waldsee aus. In vielen Gemälden und Tausenden von Fotos ist diese Ansicht schon festgehalten worden. Die Lage der Stadt – eingeklemmt zwischen zwei Seen und einem Moränenrücken – ist typisch oberschwäbisch. Die drei wichtigsten Wahrzeichen, das spätgotische Rathaus, die Stiftskirche und das fürstliche Schloss, sind Zeugen einer von Bürgertum, Kloster und Adel geprägten

Geschichte, in der sich das politische Kräftefeld immer wieder verschob. 1298 wurde Waldsee zur Stadt erhoben, aber schon 1331 an Österreich verkauft, was zu mancherlei Problemen in der Folgezeit führte. Die Österreicher verpfändeten nämlich ihre Besitzung ab 1386 an die Truchsessen von Waldburg, von denen die Stadt erst 1680 wieder ausgelöst wurde. Das Schloss und die Herrschaft im Umland verblieben indes weiterhin den Truchsessen. Diese verloren 1806 zwar ihre Herrschaftsrechte, nicht aber ihren Besitz.

Waldsee wurde in diesem Jahr württembergisch. Die Altstadt spiegelt diese bewegte Geschichte. Die Fußgängerzone, die Gassen und die stillen Ecken laden zum Flanieren und zum Verweilen ein, nicht nur wegen der vielen Cafés und Gasthäuser, sondern weil es vieles zu sehen gibt. Am Marktplatz zum Beispiel steht das stattliche gotische Rathaus, stolz aus dem Häusergewirr aufragend, die Spitze seines Schaugiebels krönt eine goldglänzende Justitia. Ihm gegenüber das einstige Kornhaus mit hohem Staffelgie-

bel, nicht mehr gefüllt mit Getreide, sondern heute Städtisches Museum mit einer Fülle von Exponaten zur Stadtgeschichte und zur Kunst der berühmten Waldseer Bildhauerdynastie der Zürn. Wenige Schritte weiter die mit vielen Kunstschätzen ausgestattete Kirche des ehemaligen Augustiner-Chorherrenstifts St. Peter. Über Eck gestellt, ragen ihre beiden barocken Türme in die Höhe. Abseits der Altstadt erinnert das Barockschloss der Waldburger an die einstmals dritte politische Kraft, die sogar noch 1801

die Stadt Waldsee von Österreich kaufen wollte. Doch Bad Waldsee ist mehr als nur malerische, geschichtsträchtige Altstadt. Es ist eine ausgewogene, maßstäbliche Stadt mit vielen Kultureinrichtungen, einer Reihe von Industrieunternehmen, etwa Baby Walz und Reisemobil Hymer, und mit einer der größten Golfanlagen Deutschlands. Zudem hat sich die Stadt als Kneipp-, Moor- und Thermalbad ganz der Gesundheit verschrieben. Fluorid- und schwefelhaltiges Thermalwasser aus 1750 Meter Tiefe und über 60 Grad heiß speist die

Picturesque Lakeside Town

großzügige Badelandschaft der Waldsee-Therme, wo es auf erträgliche 32 bis 37 Grad abgekühlt wird. Man versucht alles, um dem einen oder anderen Zipperlein der Gäste zu Leibe zu rücken. Und nicht vergessen sei: Bad Waldsee ist eine Hochburg der „Fasnet". Närrisches Treiben herrscht in jedem Jahr in der Zeit zwischen dem „Schrättelestanz" und dem „Fasnetsvergraben".

The lake and the medieval cityscape with its soaring towers and gables combine to create the unmistakable face of Bad Waldsee. This view of Bad Waldsee has been captured in many paintings and innumerable photographs. The position of the city, located between two lakes and a moraine, is typical of Upper Swabia. The three most important landmarks in the city are the late Gothic *Rathaus*, the *Stiftskirche*, and the royal castle. All three landmarks are testament to a history in which the middle class, the clergy and the nobili-ty all had significant effects on the political landscape and in which the balance of power between the three groups was constantly changing.

Bad Waldsee is much more than a quaint and picturesque historical city. It is a balanced and proportioned city with a number of cultural institutions as well as a number of industrial companies. It is the home of *Baby Walz* and the motor home manufacturer *Hymer*, and also boasts one of the largest golf courses in Ger-many. As if that wasn't enough, the city has also established itself as a "healthy" destination for Kneipp baths, mud baths and thermal springs.

Laufsteg für Rinder

Cilly heißt sie. Noch ist sie ein junges Rind. Aber bei Cilly stimmt alles. Sie gewinnt 2010 beim Braunviehtag in Bad Waldsee die Grand Champion Trophäe. Dieser Tag in der Versteigerungshalle ist das Forum für die Arbeit des Viehzüchtens in Oberschwaben und dem Allgäu. Die Züchter, meist mit der ganzen Familie, geben sich dabei ein mitunter fröhliches Stelldichein. Man drängt sich auf den Gängen und Rängen, freut sich über die prächtigen, inzwischen allesamt hornlosen, in den „Ring" geführten Tiere, fachsimpelt über Form und Maße der grau-braunen Schönen, über Fütterung und Milchleistung und lauscht den Ausführungen der sachkundigen Prominenz. Noch ist das Braunvieh die wichtigste Rasse in Oberschwaben und im viehreichen Allgäu

des Bauern größtes Kapital. Obendrein dessen größter Stolz. Gleichwohl hat die Globalisierung auch die Ställe erreicht, in die zusehends andere Rassen drängen: schwarz-weiße, rot-bunte, gefleckte, zottige. Statistiker sprechen vom Allgäu als der Gegend mit der größten „Kuhdichte" im Land. Im Kreis Ravensburg gibt es 147 000 Rinder (2011), im Kreis Biberach knapp 90 000. Bad Waldsee bietet ein wahres Schaulaufen schön herausgestriegelter Kälber und Rinder; die Bullen haben an diesem Tag im „Ring" nichts verloren. Die Nr. 36, Cilly, erhält zur Freude und Überraschung der Besitzer aus Ochsenhausen-Mittelbuch die Siegerschärpe. Man hört, sie habe „noch eine große Karriere vor sich". Bei den Tieren mit den schönsten Eutern gewinnt Kuh Nr. 52, die

Fanni, vier Jahre alt, zwei Mal gekalbt, mehr als 8000 Liter Milch jährlich liefernd. Bei ihr sei das Euter „wohl gebaut" und die Zitzen säßen richtig, so kommentiert es jedenfalls die adrett, passend in Braun gekleidete junge Preisrichterin. Diese Jurorin – eigens aus der Schweiz gekommen, wo man was vom Vieh versteht – ist um ihre Aufgabe nicht zu beneiden. Aber sie trifft souverän ihre Entscheidungen. Der Gewinner einer Verlosung erhält sogar ein „Kälble", die Zweit- und Drittplatzierten jeweils Sperma eines guten Bullen. Es geht in Bad Waldsee aber nicht nur um hübsche Rinder. Erstmals in ganz Deutschland wird hier eine „Braunviehkönigin" gekürt. Ihr Charme soll beim Vermarkten des „Produkts" helfen. Die Siegerin, diesmal eine 26-jährige

Landwirtschaftsmeisterin, wird vom anwesenden Landwirtschaftsminister persönlich gekrönt. Damit ist eine weitere Hoheit neben Hopfen-, Hut-, Wein-, Milch- und Käsekönigin inthronisiert. Zu diesem Landstrich gehört eben immer schon ein Anflug von Blaublütigkeit.

Catwalk for Cattle

Her name is Cilly. She is still a young cow, but she is flawless. On Bad Waldsee's Brown Cattle Day in 2010, Cilly won the Grand Champion's Trophy. This event in the auction hall is a forum for cattle breeders from Upper Swabia and the Allgäu region to showcase the fruits of their labours. The breeders, often accompanied by their whole families, use the event as an opportunity for a cheerful rendezvous. In Upper Swabia, and in the cattle-rich region of Allgäu, the *Braunvieh* is still the most important breed of cattle. It's a farmer's greatest asset and moreover, his greatest pride.

Beim Heiligen für Ehekrisen

Das erste Licht eines neuen Tages verleiht der Landschaft einen warmen gold-gelben Glanz. Weit reicht der Blick von Wolpertswende in das Schussental und hinüber zum Altdorfer Wald. Am Horizont sind die Alpen gerade noch schemenhaft zu erahnen. Das schmucke Dorf Wolpertswende, gut sieben Kilometer südlich von Aulendorf, liegt auf dem steilen westlichen Talhang der Schussen. Östlich davon zieht sich das breite Band des Altdorfer Waldes, des größten geschlossenen Waldgebiets in Oberschwaben. In seiner Weiträumigkeit wirkt er wie ein Fremdkörper in der sonst eher kleinräumig gegliederten Landschaft. Dazwischen die Schussen: sie bildet die markanteste Furche im südlichen Oberschwaben, ausgeschürft vom

Rheingletscher. Die kantigen Überbleibsel des Gletschers lassen sich besonders eindrucksvoll beim nördlich des Dorfes gelegenen Hatzenturm, einer Turmburgruine aus dem 11./12. Jahrhundert, bewundern. Ihr hoher Bergfried ist aus mächtigen Findlingen zusammengefügt. Unterhalb des Dorfes überrascht eine besonders gestaltete Kapelle: ein sechseckiger Zentralbau mit Zeltdach, einem angefügten quadratischen Chor und einem angelehnten ehemaligen Eremitenhaus. Es ist die Gangolfkapelle. In einer Nische des barocken Altars steht der Patron, der heilige Gangolf, vollbärtig, in stattlicher Rüstung, aufrecht mit Kreuz und Fahne. Er war, so die Legende, im 8. Jahrhundert ein Edelmann am merowingischen Hof König Pippins. Als er erfuhr,

dass ihn seine Frau mit einem Priester betrogen habe, fordert er ein Gottesurteil ein. Das treulose Weib solle ihre Hand in einen Brunnen tauchen. Ihre Unschuld wäre bewiesen, bliebe diese unversehrt. Doch die Haut der Hand verbrennt. Gangolf verstößt seine Frau und lebt fortan als Eremit. Im Jahr 763 soll er vom Geliebten seiner Frau ermordet worden sein. Seitdem gilt Gangolf als Helfer bei Ehekrisen und Familienstreitigkeiten. Bemerkenswert ist, dass Gangolfkapellen oftmals in der Nähe von Quellen errichtet wurden, auch in Wolpertswende steht ein Brunnenhaus gleich neben dem kleinen Gotteshaus. Und seit dem 17. Jahrhundert wird von der heilkräftigen Wirkung des Brunnens berichtet. Noch bis ins 19. Jahrhundert wurde sogar ein Mineralquel-

lenbad mit Gästehaus betrieben. Wer noch mehr von dem frommen Mann erfahren möchte, der sollte im Dorf die sehenswerte Pfarrkirche besuchen, sie wird wegen der zahlreichen Heiligenfiguren auch „Heiligenspeicher" genannt. Das hier verwahrte, um 1150 geschaffene Gangolfkreuz zählt zu den bedeutendsten Kunstwerken im Landkreis Ravensburg.

The Patron Saint of Marital Troubles

The first light of a new day shines upon the landscape in shades yellow and gold. The view from Wolpertswende in the Schussen Valley and across to the Altdorfer Forest is expansive. On the horizon, the shadowy form of the Alps is hard to make out. The picturesque village of Wolpertswende, seven kilometers south of *Aulendorf*, lies on the steep western side of the Schussen Valley. East of Wolpertswende, the wide swathe of the Altdorfer Forest stretches into the distance. The Altdorfer Forest is the largest continuous stretch of forest in all of Upper Swabia. This seems like some kind of foreign body in the otherwise segmented landscape. In between is the Schussen, flowing along the most remarkable deep furrow in southern Upper Swabia, which was carved out

by the Rhine Glacier. The angular remnants that the glacier left behind are particularly impressive when viewed from the *Hatzenturm*. The Hatzenturm is located to the north of the village and is the ruin of a tower castle which dates back to the 11th or 12th century. The castle keep is constructed out of boulders. In the village below there is a particularly stunning chapel with six sides, a tented roof, a square chancel annex and an elaborate hermit's house. This is the *Gangolf-kapelle*. In a recess of the baroque altar stands St. Gangulphus, the patron Saint of the chapel. He stands there with a full beard, dressed in stately armour and holding both cross and banner. Gangulphus was a Merovingian noble. He discovered that his wife had been cheating on him with a

priest and, being merciful, he only forbade her from sharing his bed. The lover-priest eventually returned and killed Gangulphus. Since then Gangulphus has been revered as an aide to people experiencing marital crises and family feuds.

35 | Eintürnenberg, Kirchturm

Wegmarken im Winter

Die Oberländer wohnen „in einer Gegend, in der wunderbare Kirchtürme darüber wachen, dass die Schäfchen welche bleiben", schrieb Martin Walser einmal kritisch, aber auch mit einem gewissen Respekt vor diesen Symbolen kirchlicher Macht und Pracht. Nicht umsonst haben die auf Demut und Bescheidenheit zielenden Orden, etwa die Zisterzienser, ein Verbot von Kirchtürmen für ihre Klöster erlassen. Ob man sie nun als bereichernde ästhetische Zeichen in der Landschaft oder als Fingerzeige Gottes wahrnimmt: Die Türme bilden Blickfänge und Koordinaten der Orientierung, besonders wenn sie beherrschende Höhen besetzen,

wie der Turm von St. Martin in Eintürnenberg. Vom Wurzacher Ried her kommend, sieht der Besucher ihn schon aus großer Ferne. Das Martinus-Patrozinium ist stets ein Fingerzeig für die frühe Christianisierung eines Gebiets und für einen frühen Kirchenbau. So auch in Eintürnenberg: Etwa 1000 Jahre steht eine Kirche auf dem Berg, romanische Elemente im Turm künden davon. Das lange Stehen hat ihn sogar etwas schief werden lassen, modernste Sanierungstechnik sichert ihn aber. Er trägt eine dieser im Oberland so typischen „Welschen Hauben", glockenförmig geschweifte Dachformen, die während der Renaissance und des Barock in Mode waren.

Wahrlich, dieser Turm auf dem Berg wacht über seine „Schäfchen". Er bildet das Wahrzeichen der Gemeinde, ist herausragendes Symbol für Heimat, weist den Weg, zeigt, wie spät es ist, und seine Glocken rufen die Gläubigen zum Gebet und zu den Gottesdiensten. Die Bedeutung der Pfarrkirche und die Verehrung des fränkischen Patrons fanden in Eintürnen einen Höhepunkt, als 1753 eine Reliquie des hl. Martinus erworben wurde. Gleich darauf setzte eine blühende Wallfahrt ein, bis 1802 auch eine Reiterprozession am St.-Georgi-Tag. Das Gotteshaus zeigt eine vorzügliche Ausstattung – fast selbstverständlich bei Wallfahrtskirchen.

Eine geradezu sakrale Landschaft mit einigen Kapellen, zahlreichen Feldkreuzen, mehreren barocken Bildstöcken aus Tuff und einem zur Kirche hoch führenden Kreuzweg umgibt den Berg mit der Kirche, dem Pfarrhaus, dem Rathaus und dem Wirtshaus. Das umgebende Land ist sanft gewellt und zeigt sich gegen Süden zu immer bewegter. Auch an einem verschneiten Wintertag, der nur die spärlichen Konturen einer lang gezogenen Hecke und einiger solitärer Birken zeichnet, rührt die Landschaft das Gemüt der Besucher an. Einsam und verwunschen ruhen in der kalten Zeit auch die um Eintürnenberg liegenden Gewässer. In Richtung Kißlegg ist es die Kißlegg-Eintürner

Weiher- und Seenplatte, zum Wurzacher Ried hin das eindrucksvolle Naturschutzgebiet des Rohrsees mit seinen Inseln und Schilfröhrichten, in denen zahllose Möwen brüten.

35 | Eintürnenberg, the Church Steeple

Winter Milestones

Martin Walser, a novellist, originally from the Oberland region, once wrote, "In a district, from the beautiful church steeples they watch over the little sheep to make sure that at least some of them will stay." Naturally, he was being a little critical, but he also displayed a certain amount of respect for these symbols of the Church's pomp and power. It wasn't for nothing that certain religious orders, such as the Franciscans, out of humility and modesty, banned church steeples entirely. Whether they just serve to enrich the aesthetic of the landscape or if they really are signs of God's presence is up to the individual to decide. The steeples are certainly eye-catchers though, and serve as coordinates in the countryside. The steeple of St. Martin's in *Eintürnenberg* is particularly commanding. Coming from the direction of *Wurzacher Ried*, the steeple can be seen from quite a distance. In the area there are a few chapels, innumerable field crosses, and multiple Baroque shrines made out of tuff. There are even Stations of the Cross leading up to the hill where one finds the church, the presbytary , the town hall, and the inn. It really is a "holy region".

Hieroglyphen der Passion

Feldkreuze sind treue Wegbegleiter in Oberschwaben. Selten finden sich so viele wie hier: schlichte und stattliche, kunstvolle und kitschige, geschmiedete, gegossene und geschnitzte. Sie markieren wichtige Punkte und bilden Blickfänge und Landmarken. Und sie sind Orte der religiösen Besinnung. Immer noch. Erklärbar ist die Fülle der Feldkreuze durch die katholische Prägung des Gebiets. Ein Grund für ihre Häufung im Süden ist auch dessen Streusiedlungsstruktur. Oft fernab von der Pfarrkirche lebend, schuf man sich vor der eigenen Haustüre mit Kapellen und Feldkreuzen Orte der stillen Andacht. Es gab viele

Gründe zum Setzen eines Kreuzes: hier hat der Vater eines errichtet, weil der Sohn vom Krieg heimkam, dort entstanden Kreuze in Erinnerung an Unglücksfälle: etwa den Sturz vom Pferd, das Umkippen des Fuhrwerks oder den Tod durch Blitzschlag. Die Kreuze sollten auch zum Gebet für verstorbene Angehörige anhalten, den „Armen Seelen" im Fegefeuer Erlösung bringen. Ins Auge fallen besonders die Arma-Christi-Kreuze wie hier an einem herrlich geschwungenen Weg bei Bergatreute. Stehen sie auf freiem Feld, gleichen sie von Weitem Scherenschnitten, die erst aus der Nähe ihre Fülle der Symbole offenba-

ren. Die stattlichen, vereinzelt bis zu sechs Meter hohen Kreuze sind besonders im Allgäu häufig vertreten. Unter Arma Christi (lateinisch: arma = Waffen) versteht man die Leidenswerkzeuge der Passion. Der Begriff kann am besten mit „Heilswaffen" oder „Heilsgeräten" Christi übersetzt werden. Manche Kreuze tragen eine Fülle von Leidenswerkzeugen. Immer dargestellt sind die Dornenkrone, die Kreuzesnägel, die Geißelsäule und die Lanze (an Allgäuer Kreuzen hängt oft auch noch eine Hellebarde). Stets vorhanden sind auch die Geißel, das Rohr der Verspottung, die Stachelkeule und der Rock, um den die Soldaten

gewürfelt haben. Die verschiedenen Trinkgefäße erinnern daran, dass dem Herrn bei der Kreuzigung saurer Wein und Galle gereicht wurden. An die Todesstunde Christi mahnt die Uhr, deren Zeiger auf neun steht. Der Beutel mit den 30 Silberlingen erzählt vom Verrat des Judas. Auf der Kreuzesspitze kräht der Hahn, zeigt die Verleugnung Christi durch Petrus an. Dazu kommen noch die Gegenstände, die für die Gefangennahme, die Kreuzigung und die Bestattung Jesu stehen: Laterne, Hammer, Zange und Leiter. Der Fantasie des Volkes waren kaum Grenzen gesetzt. Wann die Kreuze entstanden, lässt sich nur

schwer feststellen. Immerhin zeigt die Biberacher Stadtansicht des Wenzel Hollar aus dem Jahre 1657 schon ein solches Kreuz. Im Allgäu und in Oberschwaben gibt es heute etwa 100 davon, vor allem im Raum Bad Wurzach, Leutkirch und Wolfegg sind sie zahlreich. Zumeist bestehen sie aus Schmiedeeisen und Blech.

Hieroglyphs of Passion

Field crosses are faithful companions along the roads and paths of Upper Swabia. There is almost no other place where so many can be found: some plain and some stately, some artistic and some kitsch, ornamented, cast or carved. They mark important places and act as attention getters and milestones. They are places of religious reflection, even today. The influence of the Catholic Church explains the abundance of field crosses in the area. The pattern of their placement can be explained through dispersed settlement. Often people lived far away from the parish church, so they built chapels and erected field crosses close by for their devotions. There were many reasons for erecting a field cross: a father erected a field cross because his son returned home safe from war, or to remember an accident – a fall from a horse, a wagon overturning, or a death by lightning. They are also a place to stop and pray for loved ones who have passed away, and for poor souls caught in purgatory. A particularly eye-catching example is the depicted Arma-Christi-Cross.

Zum Torfstechen zu schade

Winter im Ried. Die Welt ist schwarz-weiß. Die Natur scheint stillzustehen. Der Schnee hat sie zugedeckt: das Sphagnum-Torfmoos, welches das Moor wachsen und sauer werden lässt, den hungrigen Sonnentau, den Sumpfrosmarin, das Heidekraut, die Moosbeere und die unzähligen anderen Pflanzen. Zu allen Jahreszeiten zeigt sich das Ried als eine fremde, durch ihre Andersartigkeit packende Welt, zuweilen schwermütig und melancholisch. Bleich und fahl die Farbtöne im Frühling, im Sommer dann die ganze Farbskala von dunklen Hochmoorschilden bis zu bunten blumenreichen Flachmooren; im Herbst gilbende, das Ried einrahmende Birken.

Die Vielfalt der Pflanzenwelt und das daraus entstehende Mosaik sind faszinierend: baumfreie und dicht bewaldete Zonen, Streuwiesen und Birkenbrüche, artenreiche Flach- und artenarme Hochmoorschilde, streifenförmige Torfstichüberbleibsel, kuschelige Bergkiefern und sterbende Fichten. Alles in allem bedeckt das Ried eine Fläche von 14 km². Über 600 Arten von Blütenpflanzen wachsen darin, darunter etwa 150 bedrohte Pflanzenarten der Roten Liste Baden-Württembergs. Viele gelten als Relikte der letzten Eiszeit, ohne die es das Ried nicht gäbe. Dank Brutvögeln, Durchzüglern und Gästen ist die Vogelwelt kunterbunt und vielfältig; zahlreich die Insekten, die Molche, Frösche, Nattern und Ottern (Kreuzottern). Seit 1959 ist das Gebiet unter Naturschutz gestellt und schon mehrfach vom Europarat mit dem Europadiplom ausgezeichnet worden, eine Art Nobelpreis für praktizierten Naturschutz.

Im Moor schlummert die Kraft. Es waren Nonnen des Klosters Maria Rosengarten, die die heilende Wirkung des Torfs und die Energie dieser eiszeitlichen Urlandschaft schon frühzeitig zu nutzen wussten und in Anwendungen verpackten. Vollbäder in Wannen im damaligen Klosterbau – so begann die Entwicklung im ältesten Moorbad Baden-Württembergs. Heute spricht man von Wellness. Im modernen „Vitalium" des Kurzentrums kann man die Heilsamkeit des Moores in raffinierten Formen erfahren, eingepackt in Schlamm oder in wohlig warme Decken gehüllt, begleitet von leiser Musik. Einigermaßen befreit von unangenehmen Gelenk- und Wirbelbeschwerden kann der Besucher bei Spaziergängen oder gar einer Fahrt mit dem historischen „Torfbähnle" das Ried erkunden, die Erde und den Duft der Kräuter riechen, Enten schreien hören und sich auf schwankenden Trampelpfaden bewegen, wo es bei jedem Tritt schmatzt. Schon früh hat man versucht, den Torf zu nutzen. Er war die Kohle des kleinen Mannes, bereits Kaiserin Maria Theresia hatte die Torfvorkommen in der vorderösterreichischen Landvogtei Schwaben erfassen lassen. In Wurzach wurden Kanäle und Gräben gezogen, um den Grundwasserspiegel abzusenken. Heute weiß man, dass das Ried zu schade ist, um ausgebeutet zu werden. Seit einigen Jahren versucht man, den Naturhaushalt wieder in Ordnung zu bringen. Vor allem die Torfstich-Gebiete in der Kernzone des Rieds werden wieder vernässt. Der dort aufgekommene Wald stirbt wieder ab.

Too Good for Peat

It is winter in the marsh and the world is black and white. It seems as if nature is standing still. The snow has covered the uncountable number of plants and the sphagnum peat moss, the moss that allows the moor to grow and makes it acidic. In every season, with its strange and fascinating otherworldliness, the marsh communicates a sense of foreignness, and sometimes even melancholy. The colours of the birch lined marsh are pale and sallow in spring and then span the entire spectrum in summer from dark vegetation on the moor hills to colourfully flowered moor flats, and then change to tones of amber and yellow in autumn. All together the marsh covers an area of 14 km². Over 600 flowering plants grow in the marsh, and around 150 of those are on *Baden-Württemberg's* threatened species list. Many of the species here are relics of the last ice age, and without the marsh they would not exist at all. Thanks to breeding birds and migratory birds the birdlife here is incredibly rich and diverse. As well as birds, there are a number of insects, newts, frogs, vipers and adders in the marsh. The area has been a nature reserve since 1959 and has won a number of awards including the Europadiplom, a kind of Nobel Prize for conservation.

Seenlandschaft Oberschwaben

Der Maler und Naturphilosoph Carl Carus, ein Freund des großen Caspar David Friedrich, hat einmal den Himmel zum „unerlässlichsten und herrlichsten Teil der Landschaft" erklärt. Wer die am Kißlegger Obersee und am Federsee eingefangenen Fotos betrachtet, wird Carus beipflichten. Ihr Reiz liegt in der Einmaligkeit des Augenblicks. In der morgendlich kühlen Hügellandschaft bei Kißlegg durchbricht ein Bündel Licht die Wolken und lässt das Wasser an einer Stelle funkeln wie ein Kristall. Die im Gegenlicht schwarz erscheinenden Baumgestalten steigern die Farbwirkung des Ereignisses. Beeindruckende Farb-Licht-Effekte im Zusammenspiel von Wolkenformationen zeigt auch das Bild vom Federsee (rechts). Es vermittelt die Impression

eines weiten, amphibischen Landes. Die Sonne ist schon untergegangen, der helle Himmel breitet noch spärliches Licht aus, das im stillen Wasser durch die Spiegelung des Himmels verstärkt wird. Das Schilfröhricht bleibt dunkel. Beides sind Bilder für den Moment – gleich wird alles ganz anders sein. Und es sind Bilder für den Romantiker. Das geheimnisvolle Dunkel und die Schatten sprechen die Fantasie an. Wer rudert so früh über den See? Und wer sind die Personen, die dem Betrachter den Rücken zukehren, wie wir es vom großen Caspar David Friedrich kennen?

Geologisch-geografisch sind die beiden Seen wesentlich verschieden. Der Obersee ist einer im Septett von sieben Seen und Weihern um

Kißlegg. Er ist der größte und mit 16 Metern der tiefste. Langgestreckt in einer Geländemulde liegt er da, natürlich entstanden, in einer vom Würm-Gletscher ausgehobelten Mulde. Die meisten der 2000 Seen und Weiher in Oberschwaben liegen schließlich im Einzugsbereich dieses letzten Gletschervorstoßes. Auch das Federseebecken ist eiszeitlich ausgeschürft worden. Aber der einst riesige Eisstausee schrumpfte auf natürliche Weise seit dem Abschmelzen der Gletscher und nicht zuletzt durch Entwässerungsmaßnahmen des Menschen auf bescheidene 1,4 km²; der See ist nur noch um die zwei Meter tief. Die Seen in Oberschwaben verlanden seit dem Zweiten Weltkrieg wesentlich schneller als vorher. Pflanzennährstoffe wie Phosphat, Nitrat und andere

anorganische Stickstoffverbindungen fachen das an sich natürliche Wachstum von Algen und Wasserpflanzen in Gewässern über die Maßen an. Man nennt das Eutrophierung. Als Folge davon verbrauchen abgestorbene, sich im Wasser zersetzende Algen und Wasserpflanzen enorme Mengen an Sauerstoff. Das engt vor allem in den tieferen Bereichen von Seen und Weihern den Lebensraum von Fischen und anderen atmenden Organismen ein. Das seit den 1980er-Jahren laufende „Aktionsprogramm zur Sanierung oberschwäbischer Seen" wirkt dem entgegen.

38 | Kißlegg, Bad Buchau
The Lake Landscape of Upper Swabia

Carl Carus, the painter, natural philosopher and also friend of *Caspar David Friedrich*, once described the sky as the most vital and magnificent part of the landscape. Anyone who sees photographs of the *Kißlegger Obersee* (left) and the *Federsee* can't help but agree. The charm and allure of these lakes lies in the uniqueness of the moment. In the cool of morning, rays of light break through the clouds over the hilly landscape near Kißlegg and make a small area of the lake sparkle like crystal. The relative darkness of the trees only serves to emphasise the effect. Most of the 2,000 lakes and ponds in Upper Swabia can be found along the path of the last glacier that moved through the area. The Federsee was also carved out during the

last ice age but, since the glacier melted, the once gigantic proglacial lake shrank due to natural causes and also due to being drained by humans. The lake is now only two meters deep and has a surface area of only 1.4 km².

Eine feste Burg

Neben dem Bussen ist die Waldburg einer der wichtigsten Identifikationspunkte Oberschwabens. Sie ist die Stammburg der Grafen und späteren Fürsten von Waldburg und thront auf einem 772 Meter hohen Moränenhügel. Dieser überragt alle anderen Erhebungen weit und breit. Das Bauwerk demonstriert nicht nur adeliges Selbstbewusstsein, die exponierte Lage machte die Waldburg auch im frühen 19. Jahrhundert zu einem idealen trigonometrischen Punkt der Landesvermessung im Königreich Württemberg. Von der Aussichtsplattform in luftiger Höhe bietet sich ein atemberaubender Blick nicht nur auf die kleine Welt Oberschwabens und des westlichen Allgäus, sondern auch auf den

Bodensee und die Alpenkette. Selbst Kenner rätseln manchmal über die Namen der zahllosen Gipfel von der Zugspitze bis ins Berner Oberland.

Der überaus steile Berg bot einen idealen Schutz, im 12. Jahrhundert errichteten die Waldburger oben ihre Burg. Dieses Geschlecht im Dienste der Welfen und später der Staufer gelangte damals zu Macht und Ansehen. Unter dem Staufer Friedrich II. wurden auf der Burg von 1220 bis mindestens 1240 sogar die Reichskleinodien (Heilige Lanze, Reichsapfel und andere Kleinodien) aufbewahrt – Beweis für das kaiserliche Vertrauen und die glanzvolle Rolle des Geschlechts, das sich nunmehr mit dem Titel

Reichserbtruchsessen schmücken durfte. Die Nähe zu den Staufern äußert sich auch in den ins Waldburger Wappen eingefügten schreitenden schwarzen Löwen auf gelbem Grund. Die Platznot auf der Kuppe erschwerte den Ausbau der Burg erheblich. Sie musste sich in die Höhe strecken. Im 16. Jahrhundert wurde sie zu einem schlossähnlichen Herrschaftssitz ausgebaut, später aber bewohnte die Familie sie nur noch sporadisch. Die Burganlage besteht aus dem Palas, einem Wirtschaftsgebäude und der Kapelle mit dem Kapellenturm.

Heute informiert ein Museum über die Geschichte der Burg und das Haus Waldburg. Bewundern

lassen sich Gemälde, Möbel und Rüstungen. In einem Raum wird Truchsess Georg III. vorgestellt, der berühmteste, aber auch umstrittenste Vertreter des Geschlechts, der im Bauernkrieg als Feldherr des Schwäbischen Bundes mit aller Härte gegen seine Widersacher vorging. In der Kapelle stehen die Figuren der drei Hausheiligen Willibald, Wunibald und Walburga. Die Burg kann in den Sommermonaten besichtigt werden, sie ist Zielpunkt unzähliger Schulklassen und vieler Paare, die sich in der Burgkapelle das Ja-Wort geben. Auch die Gemeinde Waldburg mit einigen schmucken alten Gebäuden und der aus dem Mittelalter stammenden Kirche am Fuß der Burg hat einiges zu bieten. Endlose Wanderungen

lassen sich im Altdorfer Wald, dem größten Waldgebiet Oberschwabens, unternehmen. Volkskundlich Interessierte suchen die Hustenkapelle, die Grimmenkapelle und das „Oisekäppele" auf – so nennt der Volksmund drei Kapellen, in denen man von Husten, von Bauchschmerzen („Grimme") und von Furunkeln („Oise") befreit werden kann. Wenn man daran glaubt …

A Fortified Castle

The Waldburg is as well as the *Bussen* one of the most important landmarks in Upper Swabia. This is the castle where the earls and later princes of Waldburg come from. The castle crowns a 772 meter-high hill formed by glacial deposits. The castle perches high above everything in the surrounding area. With its exposed position, the construction not only demonstrates noble pride but also provided an ideal trigonometric point for land surveys carried out in the Kingdom of Württemberg in the early 19th century. From the observation platform in the lofty heights one is provided not only with a breathtaking view of Upper Swabia and western Ällgau, but also of Lake Constance and the Alps. Even experts sometimes have trouble remembering the names of the countless peaks from the *Zugspitze* to the uplands of *Bern*.

Konservierte Residenz

Niemand kann sie übersehen, selbst an diesem nebligen Tag – die Türme des Wolfegger Schlosses und der Pfarrkirche hoch oben auf einem Bergsporn über dem tief eingeschnittenen Tal der Wolfegger Ach. Das Schloss wird bis auf den heutigen Tag von der fürstlichen Familie Waldburg-Wolfegg-Waldsee bewohnt. Nachdem eine mittelalterliche Vorgängeranlage abbrannte, wurde die vierflügelige Anlage mit den mächtigen vorspringenden Ecktürmen ab 1578 von Grund auf neu errichtet. Weil schwedische Soldaten das Schloss am Ende des 30-jährigen Krieges in Brand gesetzt hatten, sind die Innen-

räume weitgehend im barocken Stile ausgestaltet worden. Glanzpunkt darin ist der repräsentative 52 Meter lange „hochruhemlich schöne" Rittersaal. 24 Truchsesse des für das südliche Oberschwaben so prägenden Geschlechts stehen als Figuren auf Konsolen, überlebensgroß. Die Internationalen Wolfegger Konzerte und Festspiele finden hier einen glanzvollen Rahmen. Beeindruckend auch die Pfarrkirche St. Katharina, bis 1806 die Kirche eines kleinen Stifts. Aber mit was für einer Ausgestaltung! Ein weiterer lichter Saalraum wird von einem gewaltigen Deckenfresko überspannt. Dra-

matisch schildert es den Zweikampf zwischen einem deutschen und einem welschen Ritter, den natürlich der deutsche, ein Waldburger, gewinnt. Dank der Hilfe der hl. Katharina! Man muss Wolfegg mögen. Es atmet noch ganz den Zauber eines barocken Adelssitzes und hat einfach alles, was zu einer Residenz gehörte: Kavaliershäuser ebenso wie schlichte Häuschen der kleinen Leute, Schlossgarten und Orangerie, Mühle und Sennstadel, Fischweiher, Fischerhaus und einen Wildpark mit ehrwürdigen Baumriesen und Baumruinen. Und es gibt noch die Hofapotheke, in der dem Apotheker

Anton Duke im 19. Jahrhundert als einem der Ersten der Gedanke kam, dass es die Gletscher waren, die Gesteine aus den Alpen nach Oberschwaben geschoben und getragen haben. Im ehemaligen Sennstadel fand das Automobilmuseum des „Autopapstes" Fritz Busch Unterschlupf, 200 Oldtimer sind hier zu bestaunen.

Unterhalb des Schlosses erstreckt sich das Bauernhofmuseum Wolfegg in einer Bilderbuchlandschaft inmitten von Gärten, Hecken, Steilhängen und Geländesenken, kleinen Fischweihern und Streuobstwiesen. In das Gelände sind 15 Gebäu-

de verschiedener Epochen und Typen „verpflanzt" und sorgsam wieder aufgebaut worden. So ist ein umfassender Einblick in die einstige bäuerliche Kultur Oberschwabens möglich. Der Besucher kann aber auch die Einsicht mitnehmen, dass nicht allein Idylle, Gemütlichkeit und Nähe zur Natur einst den Alltag auf dem Land bestimmten, sondern ein langer Arbeitstag, die Kälte der Kammern im Winter, die Abhängigkeit von der Herrschaft, Krankheiten, Entbehrung und Not.

Love at First Sight

The towers of Wolfegg Castle and the parish church perched high upon a mountain spur over the deep incise of the Wolfegg Valley in *Wolfegger Ach*, are structures that cannot be overlooked, even on a foggy day. The castle is still occupied by the princely Waldburg-Wolfegg-Waldsee family. After a former medieval structure was destroyed by fire, the current multi-winged construction with its powerful protruding corner towers was, from 1578, rebuilt from scratch. Due to the fact that Swedish soldiers set the castle on fire at the end of the Thirty Years' War, the castle's interior was redesigned and refurbished in the

Baroque style. The highlight is the beautifully regal 52 meter long *Rittersaal*. In the hall, representing the noble house of southern Upper Swabia are 24 larger than life sculptures of seneschals.

3000 Gläubige hoch zu Ross

Jahr für Jahr reitet Anton Kulmus aus Eglofs-Argenbühl am Tag nach Christi Himmelfahrt beim Blutritt in Weingarten, 2011 zum 50. Mal, auf Angelo, einem Rappen mit einem weißen Fleck auf der Stirn. Der Blutritt ist mit bis zu 3000 Reitern Europas größte Reiterprozession und für die Katholiken Oberschwabens einer der wichtigsten Tage im Kirchenjahr. Frühmorgens um halb vier beginnt der Tag für Anton Kulmus, das Pferd muss gefüttert, hergerichtet und gesattelt werden. Um sieben Uhr wird das sonst in der Basilika aufbewahrte Reliquiar, das dem Volksglauben nach einige Tropfen vom Blut Christi vermischt mit Erde von Golgotha enthält, an den Heilig-Blut-Reiter übergeben. Dieser spendet den Segen des Heiligen Blutes für Haus, Hof und Felder. Danach setzt sich die Prozession in Bewegung. Die Männer in Frack und Zylinder – traditionell dürfen reitend nur Männer teilnehmen – folgen dem Heilig-Blut-Reiter auf seinem zehn Kilometer langen Weg durch die Stadt und die Fluren. Vier Stunden dauert das. Manches Pferd tänzelt nervös wegen der ungewohnten Umgebung, der flatternden Fahnen und des Geschmetters der vielen Blaskapellen. So mancher Reiter hat seine liebe Not, das Pferd ruhig zu führen. Für Anton Kulmus ist das kein Problem, schon als „Schulbub" war er ein Pferdeverrückter, später hat er sogar Turniere geritten. Und doch ist es gar nicht so leicht, hoch zu Ross in der Gruppe zu reiten und gleichzeitig zu beten oder zu singen, „do goht einem die Luft manchmal aus", sagt der 76-Jährige. Dabei ist dem tief im Glauben verwurzelten Blutreiter das Gebet ganz wichtig. Dass manche der jüngeren Reiter den „Rosenkranz" nicht mehr beherrschen, gefällt ihm gar nicht. Umso mehr begeistern sich die Jungen für ihre Pferde. Die vielen rassigen, herausgeputzten Tiere künden von der engen Beziehung der Oberschwaben für „d'Pferd", „d'Gäul" und „d'Ross".

Schon im Jahre 1529 wird der Blutritt urkundlich erwähnt und als Brauch „von alt her" benannt. Der Legende nach hat der römische Legionär Longinus das Blut des gekreuzigten Jesu aufgefangen und später nach Mantua gebracht. Judith von Flandern, die Frau Welfs IV. von Altdorf, übergab es 1090 oder 1094 dem Kloster Weingarten. Der Blutritt ist religiöser und gesellschaftlicher Höhepunkt für die Stadt Weingarten, eine Mischung aus buntem Schauspiel und tiefer Frömmigkeit. Zum Auftakt nehmen am Abend von Christi Himmelfahrt bereits Tausende von Pilgern an einer Lichterprozession von der Basilika zum Kreuzberg teil. Am Blutfreitag strömen dann von nah und fern noch mehr Pilger und Besucher in die Stadt. Sie erwarten mit Spannung die Festpredigt und verneigen sich, wenn die Reliquie an ihnen vorbeigetragen wird. Der Trubel in Weingartens Innenstadt ist für Anton Kulmus eher unwichtig. Seine Reitergruppe lässt das Ereignis noch gemütlich bei Kaffee, Kuchen und Würsten ausklingen – nach fast fünf Stunden im Sattel. So gestärkt macht er sich auf den Rückweg und bringt „s'Glück und de Seage hoim".

The Biggest Equestrian Procession in Europe

With up to 3000 riders, the *Blutritt* is the biggest horseback procession in all of Europe and, for Catholic Upper Swabia, one of the most important days in the religious calendar. A revered reliquary believed to contain drops of Christ's blood mixed with earth from Golgotha is kept at the basilica. At seven in the morning on the day of the *Blutritt*, the reliquary is handed over to the Holy Blood Rider, and then the benediction of the Holy Blood is given, which brings blessing upon houses, farms and fields. After the benediction, the procession begins. The men, dressed in top hats and tail-coats accompany the Holy Blood Rider on his 10 kilometer journey through the city and over the land. The procession lasts approximately four hours. As early as 1529, there is documented evidence of the custom already being referred to as ancient. Legend has it that a Roman legionary, Longinus, caught the blood of the crucified Jesus and then later brought it to Mantua. Judith of Flanders then gave the reliquary to the monastery in Weingarten in either 1090 or 1094. The Blutritt is the religious and social event of the year in Weingarten, a mix of colourful theater and profound piety.

Ein Turm als Taktgeber

Die Zeiger der Uhren nähern sich der Zwölf. Beim Glockenschlag wird es laut in der Stadt. Böller krachen, Raketen zischen in den Nachthimmel, versprühen Sterne und Streifen. Dieses Spektakel über Ravensburg von der Veitsburg aus zu erleben, ist unvergesslich. Die vielen Lichter tauchen die Stadt der Türme und Tore für einige Sekunden in gleißendes Licht. Ravensburg hat besonders viele von diesen Gemäuern aus dem Mittelalter. Sie verkörpern einstige Macht und Wehrhaftigkeit und ein Stück weit reichsstädtische Freiheit und Autonomie. Im Vordergrund umspielt eine Farbfontäne einen kühn emporragenden Turm. Es ist der „weiss runde Turm" – so nennt ihn im 15. Jahrhundert der aus Ravensburg stammende Kaiserliche Hofhistoriograf Ladislaus Sunthaim. Die Ravensburger sprechen indessen kurz und bündig vom Mehlsack. Als gewichtiges Wahrzeichen der Stadt steht er für das Selbstbewusstsein der Bürger. Dreist und frech bauten sie ihn im 15. Jahrhundert so hoch, nämlich 51 Meter, dass sie von ihm aus die Veitsburg, den einstigen Stammsitz der Welfen, einsehen konnten. Diese Burg über der Stadt, die alte Ravensburg, war bis ins 17. Jahrhundert in der Hand der vorderösterreichischen Landvögte, der politischen Gegenspieler der Freien Reichs-stadt. Als Zeichen städtischer Machtdemonstration waren unterhalb des Zinnenkranzes vermutlich die Wappen verbündeter Städte angebracht.

Ravensburg hat eine der schönsten und besterhaltenen Altstädte Süddeutschlands. Nicht nur die wehrhaften Mauern und Türme begeistern, sondern auch die Kirchen und Kapellen, die prächtigen Patrizierhäuser ebenso wie die manchmal krummen Handwerkerhäuser sowie die vielen verträumten Plätze und Winkel. Überall weht ein Hauch von Mittelalter. Die Stadt blieb von großen Bränden und Kriegszerstörungen verschont, auch von den Bomben des Zweiten Weltkriegs. Aber: Ravensburg ist nicht nur Altstadt-Idyll. Es ist heute eine lebendige, moderne Stadt, ein pulsierendes Zentrum der Region zwischen Donau und Bodensee, Sitz der Kreisbehörden, Einkaufsstadt, Bildungs- und Medienstandort. Und eine festesfreudige Stadt. Inbegriff dafür ist das Rutenfest, beinah ein Mythos, ein enges Beisammensein und für viele Ravensburger in der Fremde ein Anlass, die alte Heimat zu besuchen. Es ist der Mehlsack, von dem die Salutschüsse abgegeben werden, die den zeitlichen Takt des Rutenfests steuern.

A Tower Sets the Tempo

The hands on the clock approach twelve. At the sound of the bells the city will get a little noisy. The crack of cannons, the scream of rockets shooting into the night sky, sprays of stars and streamers. To watch this spectacle over Ravensburg from *Veitsburg* is truly unforgettable. For a few seconds the multitude of lights bath the city of towers and gates in a dazzling glow. Ravensburg in particular has many medieval buildings. They embody former might and fighting spirit, and in a sense the autonomy and freedom of an imperial city. In the foreground a fountain of colours surrounds a boldly soaring tower. This is the white round tower, so called in the 15th century by Ladislaus Sunthaim, a former imperial court historian and native of Ravensburg. The people of Ravensburg all agree about the *Mehlsack* and see it as a true symbol of their city and the pride of its citizens.

Die „gute Stube" der Humpis

Im Jahre 1909 wurde im Kloster Salem ein verstaubtes Paket Akten gefunden, das in einer Schublade unter einem Vogelnest lag. Es stellte sich als ein Dokument von unvergleichlichem Wert heraus, beschrieb es doch die Geschichte der Großen Ravensburger Handelsgesellschaft. Sitz dieser im Spätmittelalter so erfolgreichen Kompanie war die Reichsstadt Ravensburg. Geführt wurde sie von der Familie Humpis, der im Spätmittelalter einflussreichsten Ravensburger Patrizierfamilie. In ihrem repräsentativen Wohn- und Geschäftsquartier in der Marktstraße pflegte sie einen aufwendigen, adelsähnlichen Lebensstil. Dieses Quartier mit einem Komplex von sieben Gebäuden aus dem Spätmittelalter ist seit den 1990er-Jahren einfühlsam saniert und zum städtischen Museum ausgebaut worden. Es ist dabei gelungen, den geheimnisvollen morbiden Charme der alten Gemäuer zu bewahren, aber auch Neues geschickt hinzuzufügen. Eine Museumsinsel entstand, ihr Innenhof wird von einem Glasdach in zwölf Metern Höhe überspannt. Wertvollste Exponate sind die Gebäude selbst, allesamt baugeschichtliche Juwele. Und man nutzt in diesem einzigartigen Ensemble die Chance, die Geschichte der Handelsherren und der Stadt Ravensburg auf ungewöhnliche und emotionale Weise authentisch zu erzählen. Glanzstück im ersten Obergeschoss des wichtigsten Gebäudes ist die „gute Stube" der Humpis. In ihr spielte sich das alltägliche Familienleben ab. Es ist eine dieser behaglich wirkenden Bohlenstuben mit wandhoher Täfelung und gewölbten Bretterbalkendecken. Pfeilherzen und Rosetten sind in die Balken eingekerbt. Der Erker mit seinen verzierten Säulen betont die zentrale Bedeutung des Raumes, übrigens des einzig beheizbaren im Haus. Man weiß, dass der Erker um 1435 intensiv bemalt war, außen

zur Marktstraße hin zeigt er auch das Wappen der Familie, drei springende Hunde. An den Wänden liefen Sitzbänke um, am Boden haben sich die ursprünglichen Dielenbretter erhalten. Im Raum daneben sieht der Besucher, dass so ziemlich mit allem gehandelt wurde, was jeweils Konjunktur hatte, ob Seide, Samt, Safran oder Silber. Wichtig waren vor allem hochwertige Gebrauchs- und Luxusgüter, Haupthandelsgut natürlich die Leinwand und der Barchent aus Oberschwaben. Von Geldgeschäften wie bei den Fuggern ließ man die Finger. Geschäftsbeziehungen bestanden in aller Herren Länder, ein ganzes Netz von Niederlassungen und Agenturen überzog Europa. Die hohe Zeit der Ravensburger Handelsgesellschaft dauerte von etwa 1380 bis 1530.

The Humpis Family's Parlour

In 1909, in the Salem Monastery, a dusty packet of documents was found lying in a drawer under a bird's nest. These documents were found to be of immeasurable value and represent an exciting part of business history, the story of the great trading company of Ravensburg. The seat of this late medieval company was the imperial city of Ravensburg. The company was run by Ravensburg's most successful patrician family of the Late Middle Ages – the Humpis family. In their residential and business compound located in *Markstraße*, the Humpis family led a lavish and almost regal existence. Since the 1990s, the compound, comprising seven late medieval buildings, has been carefully restored and converted into an urban museum. The city has succeeded in preserving the ancient charm of the old buildings while having skillfully added a few new ones as well.

Komposition in Grün

Mutter Natur präsentiert hier eine wahrlich gelungene Landschaftskomposition und zeigt uns das Alpenvorland in seiner ganzen Pracht: eine Komposition in Grün, von den Strahlen der Morgensonne gestreift, lange Schatten bildend. Wir stehen auf der Siggener Höhe in der Gemeinde Argenbühl auf gut 700 Metern Höhe, mitten im „Käsedreieck" zwischen Isny, Leutkirch und Wangen gelegen. Das Land gibt uns das Gefühl des Begrenzten und gleichzeitig der Weite. Wohin das Auge schaut, Hügel für Hügel: kleine und große, runde und längliche, unscheinbare Bodenwellen und rhythmisch aneinandergereihte Hügelketten. Es sind die vom

Gletscher vergessenen Moränen und Drumlins, in deren Innerem kantige Findlinge und feines Kies verborgen sind. Gehölzstreifen und Wald-schöpfe markieren die Steilhänge und die Tobel; Wald bedeckt auch die hohen Bergkämme im Hintergrund, die zu den Alpen hin kulissenartig ansteigen. In der Ferne wird diese Landschaft durch die Nagelfluhkette von Hochgrat und Co. abgeschlossen. Die Kräfte der Alpenfaltung haben diese Höhenzüge bereits modelliert. Es ist eine „kleinkarierte" Landschaft. Wer sie zum ersten Mal sieht, dem fallen die einsam stehenden Bauernhöfe auf, die mit ihren roten (und inzwischen auch fotovoltaisch-silbern

glänzenden) Dächern aus dem saftigen Grün der buckligen Wiesen und der sie umgebenden Obstgärten leuchten. Die alten Höfe sind lang gezogen, haben alles unter einem Dach, den Wohnteil im Osten, im Westen den Wirtschafts-teil. Die Streusiedlungen gehen auf eine schon im 16. Jahrhundert begonnene Flurneuordnung zurück. Weil damals der Besitz heillos zersplittert war, begannen die Bauern in einer gewaltigen Tauschaktion, ihre Güter so zu legen, dass jeder ein möglichst zusammenhängendes Stück erhielt. Um die Wege zu verkürzen, verlagerten sie Häuser aus den Dörfern auf die Flur. Abge-sondert wollte man wohnen: Grund und Boden

rund um den Hof, das Vieh gleich draußen, die Arbeit auf den Feldern nah beim Hof – und auch wieder schnell am Vespertisch. Die Dörfer blieben daher lange Zeit klein, wie das auf dem Foto erkennbare Dorf Eisenharz, das sich sanft in die Landschaft einfügt; nur seine Kirche spitzt frech hervor. Im Zuge dieser von den Bauern initiierten und von der Herrschaft akzeptierten „Vereinödung" soll nicht ein einziger Prozess geführt worden sein. Heute noch bewundern Fachleute die weitblickende Vorgehensweise. Die Vereinödung hat auch die seit der Mitte des 19. Jahrhunderts einsetzende und sich bis ins 20. Jahrhundert hinziehende Vergrünlandung

gefördert. Immer stärker spezialisierten sich die Bauern auf die Gras- und Milchviehwirtschaft und reduzierten das Getreide, das im feuchten Allgäu ohnehin nicht sonderlich gedeiht. So wurde das Allgäu immer grüner. Know-how zur Käseherstellung holte man sich in der Schweiz und in Holland, den klassischen Käseländern. Nirgendwo im Land ist die Milchwirtschaft heute so ausgeprägt wie hier, nirgendwo die meist mit der Herstellung von Emmentaler Käse verbun-dene Milchwirtschaft so dominant. Grünes Land und glückliche Kühe – diese Vorstellung vom Allgäu hat nach wie vor ihre Gültigkeit.

44 | Siggener Höhe

It Doesn't Get Greener than This

Here, Mother Nature demonstrates a truly superb landscape, showing the Alpine foothills in all their majesty: a composition in green, with rays of morning sunshine forming long shadows. Here we stand on the 700 meter high *Siggener Höhe*, located in the district of Argenbühl. We're in the middle of the "Cheese Triangle" between Isny, Leutkirch and Wangen. The area gives us a feeling of the confined and the expansive at the same time. Everywhere you look there are hills: big hills and small hills, round ones and long ones, unimposing bumps in the terrain and rhythmically regimented hilly ranges. This landscape was created by the passage of glaciers long ago. The glaciers created moraines and drumlins and inside these geological features everything from gigantic boulders to the finest of gravel is hidden away. Stretches of forests and small groves mark the ravines and precipices. Forest also covers the mountain ridges in the background, advancing towards the Alps and in the distance ending with the *Nagelfluhkette* and the *Hochgrat*, among other peaks. It was the power of the Alps that gave this landscape its form.

Wildes Wasser in wilder Schlucht

„Die Arg genandt, das daselbs in den Bodensee flyesset, ist ein gar grimm und untreuw wasser ..., das auß dem Alpggöuw harkhompt ...". So schildert ein Sankt Galler Gelehrter im Jahr 1545 die durchs westliche Allgäu strömende Argen. Ein gefährliches Gewässer also, dieser zum Bodensee eilende Fluss. Ungestüm, ja tosend ist er vor allem im Eistobel, dem wildromantischen Abschnitt der Oberen Argen südlich von Isny. Hier, an einer geologischen Schwachstelle, hat sich das Wasser in jahrtausendelanger Schleifarbeit durch die über 1000 Meter hohe Bergkette von Iberg und Laubenberg gesägt. Die Allgäuer bezeichnen tief eingeschnittene Schluchten als Tobel. In kalten Wintertagen ist alles Nass in der Schlucht zu Eis erstarrt. Das von den steilen Felswänden tropfende Wasser formt bizarre Zapfen und Säulen, die wie Vorhänge an den Felsen hängen. Märchenland Eistobel! Der Gang durch die etwa drei Kilometer lange Schlucht beginnt gewöhnlich an der Eingangshalle bei der Eistobelbrücke, wo Schautafeln über Geologie, Flora und Fauna informieren. Unten im Talgrund dann eine ganz andere Welt. Noch ist der Fluss einigermaßen zahm. Allmählich wird er aber ungestümer, nimmt Energie auf, das Wasser springt über Stock und Stein, bildet erste kleine Wasserfälle, die Talhänge rücken näher. Der Ouvertüre folgt nun ein großartiges Naturschauspiel: Das Plätschern wird zum Rauschen, das Wasser flutet in Kaskaden von Stufe zu Stufe, brausend und tosend. Stürzt über Felsen hinab, in dunkle Kolke, schäumt auf, unterspült Felsen und bildet Strudel. Dem Wanderer verschlägt es beinahe den Atem. Er muss indes aufpassen, nicht in die Strudellöcher zu stürzen! Unter-

strömungen würden sogar gute Schwimmer in die Tiefe ziehen. Das größte der Löcher, der Gurgelhals, ist zehn Meter tief. Aber der Weg ist gut gesichert, er führt über steile Treppen und Stege, allerdings ist aus einem zunächst harmlosen Spaziergang Wandern mit fast alpinem Einschlag geworden. Den Schlussakkord setzt der Große Wasserfall, am „Zwinger" zwängt sich das Wasser durch ein Gewirr mächtiger Felsblöcke. Es brodelt wie in einem Hexenkessel.

Der Wanderer sieht sich im Eistobel von betonartigen Felsen umgeben. Es ist die Nagelfluh, ein Gestein, das stets am Alpenrand anzutreffen ist. Es entstand in der Tertiärzeit, als aus den Alpen hervorbrechende Flüsse hier Schotter ablagerten, die später verfestigt und schräg gestellt worden sind. Selbst das wilde Wasser der Argen hat Mühe, die harte Nagelfluh im Eistobel zu durchsägen. Viel leichter abzuschleifen und zu unterhöhlen sind dagegen die weichen Sandsteine und Mergel. An einer Stelle ragt eine fast 50 Meter hohe Sandsteinwand empor: Zeugnis eines großen tertiären Meeres, das hier am Alpenrand die Landschaft bedeckte. Die Geologen sprechen von der Oberen Meeresmolasse. Aber auch die Biologen kommen nicht zu kurz. Der Eistobel ist Lebensraum vieler Pflanzen und Tiere. Man sieht die seltene Wasseramsel. Wer Glück hat, hört das schaurige Krächzen des Kolkraben oder erblickt gar den schillernden Eisvogel. Am Ufer schweben prächtig gefärbte Libellen, im Schluchtwald wachsen Feuchtigkeit liebende Schattenpflanzen, Moose, Farne, Pilze und Riesenschachtelhalme. Märchenland auch im Sommer.

Waterfalls and Whirlpools

The *Eistobel* is located on a geological weak point. Over a period of thousands of years, the waters have managed to bore their way through the over 1,000 meter high mountain range that stretches from *Iberg* to *Laubenberg*. Inhabitants of the *Allgäu* region refer to the deep ravines as *Tobel*. In the cold days of winter, everything that was once wet and flowing becomes frozen into ice. Water trickling down the steep rock walls forms bizarrely beautiful cones and columns that hang like frozen curtains on the rock. Eistobel truly is a land of fairy tales. The sight is enough to take a hiker's breath away but, be careful not to fall

into the water! The undercurrent here is strong enough to pull even capable swimmers into the depths. The biggest whirlpool, the *Gurgelhals*, is 10 meters deep. The trail is well secured and even though it winds over steep stairways and footbridges, it's a basically harmless walking path with a big Alpine impact. The big waterfall at the *Zwinger* is guaranteed to leave a lasting impression as it forces its way through a veritable maze of boulders. The waters here roll and roil with fury and breathtaking beauty.

Rastplatz für die Seele

Es ist da oben einen „Kittel kälter", sagen die Bauern. Mit dem „da oben" ist der Winterberg gemeint, einer dieser runden Allgäuer Moränenbuckel südlich von Leutkirch. Und ein winterlicher Tag mit klirrender Kälte war es auch, als Fotograf Markus Leser durch den tiefen Schnee stapfte, um im weiten Weiß ein stimmungsvolles Motiv einzufangen: die den Berg krönende Galluskapelle. Der Winter ist oft der beste Maler. Die Galluskapelle liegt unmittelbar über der mitten durch das württembergische Allgäu ziehenden A 96. Tagtäglich wälzt sich auf ihr der Verkehr in die Urlaubsparadiese des Südens. Erstaunlich viele der Reisenden machen aber am Rastplatz halt und wandern den steilen Weg hoch zur Galluskapelle. Die Rundung des Hügels hat wohl auch die Architekten zum Bau einer Rundkapelle

inspiriert. Sie wirkt mit ihrer gläsernen Spitze wie ein Fingerzeig Gottes in der Landschaft. Oben angekommen, ist von der Hektik des Verkehrs nichts mehr zu hören und zu spüren – der Rastende gewinnt Zeit, darüber zu sinnieren, woher er kommt und wohin er geht. Der Blick fällt im Süden auf das Voralpenland mit seinen Höhen und Gründen vor der Kulisse der Alpen – und natürlich auf die Kapelle und eine Figurengruppe dreier Heiliger. Es sind die „Allgäuheiligen", St. Gallus, St. Kolumban und St. Magnus. Diese frommen Männer haben im frühen Mittelalter unsere noch heidnischen Vorfahren christianisiert. Acht schlanke Säulen tragen das flach geneigte Kapellendach. Innen überraschen Geräumigkeit und Höhe, ebenso die Leichtigkeit des Dachs und die zurückhaltende Ausstattung. Der rötliche

Granit des schlichten Altars stammt aus Irland, dem Land, das im 6. Jahrhundert so viele Missionare auf den heidnischen Kontinent entsandte. Im Jahr 2000 ist die Kapelle errichtet worden. Sie zählt mittlerweile zu einer der beliebtesten Autobahnkapellen Deutschlands. Weit über 200 000 Personen besuchten sie bis 2010, viele haben ihre Sorgen in das Anliegenbuch geschrieben, oft auf anrührende Weise. Es sind keine Zufallsbesucher, sondern, wie Freiburger Soziologen feststellten, „150 Prozent gläubige Menschen". Auch würden eher die Männer als die Frauen von den Autobahnkirchen angezogen. Aber die Galluskapelle ist mehr als nur ein Rastplatz für Durchreisende, sie wird auch von den Einheimischen sehr geschätzt. Stolz führt man Besucher auf den Berg, zeigt Hochgrat und Säntis, weist in die andere

Richtung auf die alte Reichsstadt Leutkirch und das auf einem Bergsporn liegende Schloss Zeil. Viel besucht werden auch die Gottesdienste, die Ausstellungen und die musikalischen Veranstaltungen. Der Erfolg der Galluskapelle liegt sicherlich auch im entschieden ökumenischen Ansatz, denn katholische und evangelische Christen engagieren sich für die Kapelle. Sie gehört im Übrigen keiner Kirche, sondern einem Verein.

Ein irischer Reisesegen, zu lesen in der Kapelle, wird manchem Autobahnreisenden auf seinem weiteren Weg im Gedächtnis bleiben: Deine Wege mögen dich aufwärts führen, freundliches Wetter begleite dir deinen Schritt, Wind stärke deinen Rücken, und mögest du längst im Himmel sein, wenn der Teufel bemerkt, dass du fort bist.

46 | The Gallus Chapel near Leutkirch
A Place of Rest for the Soul

The Gallus Chapel crowns *Winterberg*, a round moraine south of Leutkirch. The Gallus Chapel can be found right next to the A 96, the highway that runs through the part of the Allgäu region administered by *Baden-Württemberg*. Day in and day out, the traffic rolls along the Highway 96 towards the holiday resorts in the south. It really is astounding how many travelers stop at the car park and hike up the steep path to the chapel. The natural curvature of the hill served as inspiration for the construction of a circular chapel. The glass spire of the chapel is like a sign of God's impact upon the countryside.

Passion eines kleinen Allgäuer Dorfs

Sanft und weich ist die Landschaft südlich von Leutkirch, malerisch darin die kleinen Dörfer und Einzelhöfe, deren Namen stets auf -hofen enden. Kaum vorstellbar, dass in dieser sanften Landschaft dramatische Szenen der Passion Christi nachgespielt werden. Und das geschieht wirklich am Kapellenberg in Engerazhofen: in der kalten Osterzeit unter freiem Himmel. Auf Allgäuer Wiesen jubelt „das Volk" mit Palmzweigen Jesus zu, sitzt Jesus mit den Jüngern am Abendmahltisch, wird verhaftet, gegeißelt, verhöhnt und schließlich ans Kreuz geschlagen. Das Volk sind die Bewohner des kleinen Dorfes Engerazhofen und benachbarter Weiler. Die meisten der 400

Einwohner, vom Kleinkind bis zum Greis wirken mit, lassen Haare und Bärte wachsen, lernen Texte, schneidern Kostüme, spielen mit und sorgen für Organisation und Technik. Um authentisch zu wirken, dürfen weder Uhren noch Brillen getragen werden. Eine 30 Meter lange Kulisse in einer Geländemulde unterhalb der La-Salette-Wallfahrtskapelle wirkt morgenländisch, versetzt die Zuschauer ins Heilige Land. Das Passionsspiel offenbart, wie sehr in der Bevölkerung des Allgäus die Lust am Schauen und an der Selbstdarstellung mit einer tiefen Frömmigkeit verbunden ist. Die Begeisterung der Mitwirkenden überträgt sich auf die Zuschauer,

die das Geschehen vom Wiesenhang aus sehen, frierend oder ausgerüstet mit dicken Jacken, gutem Schuhwerk, Wolldecken und Isomatten – so Gott will ohne Schneeschauer. Viele Familien mit Kindern sind darunter. Manchen stehen bei den ergreifenden Szenen Tränen in den Augen. Das Spiel endet ohne Beifall. Nachdenklich verlassen die Zuschauer den Berg. Die Schauspieler werden in den nächsten Tagen wieder aus ihren Rollen schlüpfen, zu normalen Menschen werden.

Nur wenige Besucher wissen, dass schon in der Barockzeit hierzulande Passionsspiele aufgeführt wurden. Berühmt und durch den Maler Johann

Baptist Pflug gut beschrieben ist beispielsweise das Biberacher Spiel. Es wurde von 1629 bis 1785 alljährlich am Karfreitag aufgeführt. Erfreulicherweise wird auch heute noch auf den Dörfern in Oberschwaben und im Allgäu Theater gespielt. Mitunter geht es dabei krachledern nach bayerischer Machart zu, aber manche Theatergruppe spielt auch Anspruchsvolles, so in Eglofs, wo in Mundartstücken Begebenheiten aus der Geschichte des Dorfes inszeniert werden.

47 | Leutkirch, Engerazhofen
A Small Village's Passion

South of Leutkirch, the landscape is placid and gentle. The small villages and farmsteads, whose names all end in -hofen, look as if they belong in a painting. It's hard to imagine that here, in this beautiful landscape, the dramatic scenes depicting the Passion of Christ will be acted out. It really does happen, during the cold days of Easter, under an open sky at *Kapellenberg* in *Engerazhofen*. In the Allgäu meadows, with waving palm fronds, the people chear as Jesus passes by. Jesus sits at the table with his apostles for the last supper, is arrested, lashed, ridiculed and finally affixed to the cross. The crowd is played by the inhabitants of the small village of Engerazhofen. From the very young to the very old, the vast majority of the inhabitants take part in the preparation and execution of the Passion Play. They let their hair and beards grow, learn scripts, make costumes, perform and organise the entire affair themselves.

Wie aus dem Schächtele

„Lass Dir Zeit!" Diesem Rat, aufgemalt an der Uhr des St.-Martins-Tores, wollen wir bei einem Besuch der Altstadt von Wangen gerne folgen. Es gibt wahrlich viel zu sehen. Wir schlüpfen durch dieses Tor und sind bald am Marktplatz. Hier schlägt das Herz des alten Wangens. Die gotische Pfarrkirche St. Martin, das Rathaus mit der prächtigen Barockfassade, das Pfaffentor (die Wangener sagen respektlos „Ratloch" dazu) und der kraftvolle Renaissance-Palazzo des Kaufherrn Onofrius Hinderofen prägen die Mitte. Links davon die viel gerühmte Herrenstraße, die vom reich bemalten Liebfrauentor abgeschlossen wird. Hier wohnten diejenigen, die das Sagen hatten: reiche Kaufleute und andere „Herren". Bauliche Akzente setzen die Staffelgiebel, ebenso die bemalten Fassaden, die Brunnen und die geschmiedeten Wirtshausschilder. Heute bedienen sich aber nicht nur die Wirte, sondern auch andere Geschäftsleute dieser dezenten und sympathischen Reklame. Von Wangen ist erstmals im Jahr 815 in einer Urkunde des Klosters Sankt Gallen die Rede. Dieses Kloster bestimmt auch in späteren Jahrhunderten die Geschichte der Stadt und seiner Umgebung. Anfang des 13. Jahrhunderts erhält Wangen Stadtrecht, schafft es später sogar, Freie Reichsstadt zu werden. Die belebten Märkte, vor allem auch die Leineweberei und das Schmieden von „Segessen" (Sensen) lassen die Stadt erblühen. Da war es notwendig, sie zu erweitern, bis hin an das Ufer der Oberen Argen. Das „Ratloch", gleich neben dem Rathaus, ist die Nahtstelle zwischen der entstandenen, eher einfachen Handwerker-Unterstadt und der nobleren Oberstadt. Bei diesem Tor steht auch der berühmt-berüchtigte Brunnen des „verdruckten" Allgäuers, der die nichtsahnenden Passanten mit Wasser anspuckt („Der Unterste isch so verdruckt wie der Oberste"). Wer sich die Zeit nimmt, hört weitere Brunnen plätschern – romantisch ist das vor allem abends, wenn die Straßen leer geworden sind. Man wird nicht müde, sich in den Gassen der Altstadt treiben zu lassen. Überall ist zu spüren, dass hier vorbildlich restauriert und saniert wurde. Wangen ist „wie aus dem Schächtele", sagen selbst die mit dem Lob sonst eher geizigen Allgäuer. Kaum einer Bausünde muss man sich hier schämen. Jedes Fördertöpfchen hat man genutzt, um die Innenstadt zu einem Schmuckkästlein zu machen. Und die Wangener mögen ihre Stadt, beleben sie, sitzen nicht nur an lauen Sommerabenden in den Straßencafés, sondern schon bei den ersten wärmenden Sonnenstrahlen. Vor allem am Mittwoch beim Wochenmarkt pulsiert das Leben. Man trifft sich, tauscht Neuigkeiten aus, schwätzt („hostube" sagen die Allgäuer dazu), isst eine Marktwurst oder kehrt ein, zu einer Halbe oder zum Leberkäsvesper. Vor allem im Sommer drängen sich die Besucher. Wohl dem, der sich die Zeit nimmt.

Just like a Painting

"Take Your Time!" This piece of advice, painted on the clock of *St. Martinstor*, is something that we, while visiting Wangen, couldn't help but follow. There really is a lot to see. We squeeze through this gate and almost find ourselves at the Market Place. Here one finds the heartbeat of old Wangen: the gothic parish church of St. Martin, the *Rathaus* with its impressive baroque façade, the *Pfaffentor* (which locals call the "Rat Hole"), and in the centre of the Market Place, the powerful Renaissance Palazzo of the merchant prince Onofrius Hinderofen. Off to the left is the renowned *Herrenstraße*, which comes to an end at the richly painted *Liebfrauentor*. Here lived people of prowess: rich merchants and other "gentlemen". One doesn't grow tired of wandering through the alleys of the old quarter. One can see and feel here, a perfect example of restoration and refurbishment. Even the *Allgäuer*, who are known to be stingy with praise, say that Wangen is 'Just like a painting.

Der Weg zur ewigen Seligkeit

Nein, mit ihren Geistlichen konnte die Bürgerschaft der Reichsstadt Isny im ausgehenden Mittelalter nicht immer zufrieden sein. Nicht wenige waren ungebildet, predigten mehr laut als gut – und führten überdies einen alles andere als vorbildlichen Lebenswandel. Stiftungen sollten daher den Predigern und Hilfspredigern, den Prädikanten, eine bessere Ausbildung und Schulung ermöglichen. Schließlich prägten Wissensdurst und Heilssehnsucht diese Wendezeit zwischen Mittelalter und Renaissance. In Isny ist es der Konstanzer Domherr Johannes Guldin, der seiner Allgäuer Heimatstadt eine Prädikatur stiftet, zur „underweisung des wegs zur der ewigen säligkeit". Ein wichtiger Baustein darin sollte eine Bibliothek sein. Im Jahre 1472 wird sie über der Sakristei der evangelischen Nikolaikirche eingerichtet. Und wie durch ein Wunder blieb sie bis zum heutigen Tage erhalten, unverändert und am angestammten Platz. Das ist einmalig in ganz Süddeutschland. Die Bibliothek ist ein wahres Schatzkästlein, prall gefüllt mit rund 2000 Titeln in 1200 Bänden. Siebzehn schmale, in meterdicke Mauern eingelassene Stufen führen hoch zu dieser mittelalterlichen Studierstube. Der Besucher fühlt sich in dem geheimnisvollen Gemach um Jahrhunderte zurückversetzt, durch die mystische Atmosphäre in Bann gezogen. Er stellt sich junge, wissensdurstige Kirchenmänner vor, die am Studiertisch mit feinen Gänsekielen akkurat und schön geschriebene Notizen machen oder lesend am

Fenster sitzen, um das spärliche, durch Butzenscheiben einfallende Licht zu nutzen. Ein gotisches, in Pastellgrün gehaltenes Gewölbe mit erstaunlich frischen Fresken und Arabesken überspannt den Raum. Ernst und würdig blicken die vier Evangelisten auf ihre Betrachter. Es riecht nach altem Papier. In den Bücherregalen rundum reiht sich der kostbare Lesestoff. Der Bücherbestand blieb seit mehr als fünf Jahrhunderten bewahrt – nichts wurde verkauft, nichts geplündert, nichts verändert. Die dicken Mauern hielten sogar dem verheerenden Stadtbrand von 1631 stand. Sie erzeugen ein kühles, aber ideales Kleinklima. Hopfenblüten sorgen für trockene Luft und halten Ungeziefer von den wertvollen alten Schriften fern. Kostbarkeiten in der kühlen Studierstube sind 70 Handschriften, die älteste ein Graduale, um 1200 auf derbes Pergament geschrieben. Man hält den Atem an, wenn eines der prächtigen Bücher aufgeschlagen wird. Kostbar sind auch die 170 Wiegendrucke, also Bücher ganz geringer Auflagen aus den Anfängen der Buchdruckerkunst. In den Regalen steht aber nicht nur Kirchenlatein. Medizinische, juristische, historische und geografische Schriften sollten den Prädikanten ein breites wissenschaftliches Fundament verschaffen. Ein Prachtstück darunter ist der sechsbändige Amsterdamer Weltatlas von 1649. Man darf annehmen, dass Isnyer Kaufherren von ihren Reisen manch kostbares Buch mitbrachten.

The Path of Eternal Salvation

During the Late Middle Ages, the citizens of the imperial city of Isny weren't always happy with the clergy. Many of the clergy were uneducated, their sermons were more than they were good, and they didn't exactly live lives of virtue. Donations were given to enable the preachers and their helpers to offer better education and training to the ecclesiastical students. Eventually, the clergy was influenced by the quest for knowledge and yearning for holy virtue that accompanied the transitional period between the Middle Ages and the Renaissance. In Isny, it

was the Canon of Constance, Johannes Guldin, who established a Prädikatur as a "Guidance along the Path of Eternal Salvation" in his home town in the Allgäu region. The place of learning, the library, was put over the sacristy of the Protestant Nikolaikirche in 1472. Somehow, as if by a miracle, the place of learning still remains today, completely unchanged and in its original location. The library is a real treasure and one of a kind in southern Germany, and filled to the brim with around 2000 titles in 1200 volumes.

Spitzer Turm vor endloser Bergkette

Immer wieder aufs Neue geht dem Reisenden in dieser Landschaft das Herz auf, wenn er, in Richtung Süden unterwegs, die Berge am Horizont erblickt, diese schier endlose Kette von Spitzen, Zacken, Graten, Kämmen, Hörnern und Grinden (Grind = Kopf). Und ganz nebenbei: Die meisten der Berge sind erst mit der Landvermessung im 19. Jahrhundert zu ihrem Namen gekommen. Vor dem Einsetzen des Fremdenverkehrs bestand ja kaum Veranlassung, die beschwerlichen, „nutzlosen" Gipfel zu bezeichnen. Grandios ist dieses Panorama von den berühmten Aussichtspunkten, etwa dem Bussen, dem Höchsten, der Waldburg

oder dem Schwarzen Grat. Die Kenner finden immer wieder ein neues „Belvedere", ob in Wolfegg auf der Süh oder auf der Atzenberger Höhe in Aulendorf oder wie hier bei Leutkirch-Merazhofen und (darunter) auf dem Jägerhof Isny. Von einem hohen Moränenrücken, der die Gemarkungen von Waltershofen und Merazhofen trennt, bietet sich ein prächtiger Ausblick über die Argenbühler „Sonnenterrasse" auf die Adelegg und die Allgäuer Berge. Unweit des Aufnahmestandorts hat der Gletscher auch den großen, sagenumrankten Findling des Heiligen Steins vergessen. Das kleine, zu Leutkirch

gehörende Merazhofen macht sich durch den grünen Spitzhelm bemerkbar. Das Dorf ist vor allem durch seinen früheren Pfarrer Augustinus Hieber (1886–1968) bekannt, der hier segensreich wirkte. Tag für Tag finden sich immer noch Beter und Hilfesuchende an seinem Grab ein. Auf der anderen Seite der Unteren Argen trifft ein Lichtbündel das Dorf Christazhofen. Und am Horizont rückt die Abendsonne die Allgäuer Nagelfluhkette ins rechte Licht. Die 24 Kilometer lange Kette beginnt mit dem Mittag in Immenstadt und endet nach 13 Gipfeln mit dem Hochhäderich im vorarlbergischen Hittisau. Der

höchste ist der Hochgrat mit 1834 Metern, er verrät sich durch drei nach unten ziehende Rippen. Der ungefährliche Kammweg gehört zu den beliebtesten Touren im Allgäu. Seit 2008 existiert hier der erste grenzüberschreitende Naturpark zwischen Deutschland und Österreich. Das harte Nagelfluh-Gestein begleitet stets den Alpenrand, so benannt nach den „nagelkopfartig" aus der Fluh (Felswand) herausragenden Geröllen verschiedenster Gesteinsarten. Nagelfluh, scherzhaft auch als Herrgottsbeton bezeichnet, entstand in der Tertiärzeit, als aus den Alpen herausströmende Flüsse Kies und Schotter ablagerten, die später

verfestigt und schräg gestellt worden sind. Romantische Gemüter sprechen gern von den „Ewigen Bergen". Aber so ewig wie sie glauben, sind sie dann doch nicht. So wie wir sie heute sehen, stehen sie erst seit etwa 10 bis 15 Millionen Jahren da. Ein Wimpernschlag in der Erdgeschichte.

The Nearly Endless Mountain Range

It makes one happy to know that the horizon of our southern land is framed with soaring mountains; an endless range of pinnacles and peaks, ranges and ridges. The panorama from the famous viewing platforms is marvelous. Some of the most renowned are the *Bussen*, the *Höchsten*, and the *Waldburg*. Whether *Wolfegg* with the *Süh*, or the *Atzenberger Höhe* in Aulendorf, or here in Leutkirch-Merazhofen and (below) the *Jägerhof* near Isny, the experts always seem to find a new "belvedere". From a high moraine ridge you get a fantastic view of the Argenbühl's "sun terrace" on the mountains of Allgäu and *Adelegg*. Not far

from where this photo was taken, the glacier left the mysterious "Holy Stones" behind in its wake. Tiny Merazhofen, which is a rural district of Leutkirch, makes itself visible with its pointed green spire. On the other side of the Lower Argen a ray of light illuminates the small village of Christazhofen. On the horizon the evening sun stunningly illuminates the *Nagelfluhkette* of the Allgäu region. The 24 kilometer long mountain range begins in Immenstadt with the *Mittag* and after 13 peaks ends with the *Hochhäderich*, located in Hittisau- in the Voralberg region. The Nagelfluh-

kette with its typical stepped and band-formed corrugated peaks leads into the Alps of *Voralberg*. The peak of the Mittag, pointing towards the heavens, provides a reference point in the labyrinth of mountains and valleys. In the West, covered in white, are the Swiss Mountains. In the Lake Constance region the *Säntis* normally dominates. However, from this perspective in the western Allgäu, it doesn't appear to be quite so imposing.

Das etwas andere Dorf

Einmal im Jahr zur Sommerzeit treffen sich die fünf Blasmusikkapellen der Gemeinde Argenbühl zu einem Sternmarsch in Eglofs: 200 Bläser marschieren in ihren Trachten aus verschiedenen Richtungen zum Dorfplatz, umrunden den Brunnen, spielen dabei Märsche, Polkas und Ländler, wie früher – das Herz des Allgäuers hüpft. Es ist eine dieser Veranstaltungen, welche die bis 1972 selbstständigen Ortschaften Eglofs, Christazhofen, Göttlishofen, Eisenharz, Ratzenried und Siggen zusammenschweißen. Jedes Dorf hat natürlich seine eigenen Vereine. Selbst das nur knapp 200 Einwohner zählende Siggen, einst die kleinste Gemeinde im Altkreis Wangen, besitzt eine Blaskapelle mit 35 Mitgliedern. Auffallend beim Sternmarsch in Eglofs und anderswo in Oberschwaben sind die vielen Mädchen und Frauen. Früher marschierten nur die Ehrenjungfern mit. Die Musikkapellen sind heute wichtige Kulturträger auf dem Land. Im Blasmusikkreisverband Ravensburg gibt es 114 davon, mit über 3000 jugendlichen Musikern unter 18 Jahren. Es ist erstaunlich, wie viele musikalische Talente es auf dem Land gibt. Die Kapellen spielen bei Prozessionen und Beerdigungen, bei Festen und Feierstunden. Die Leute identifizieren sich mit den Musikanten, freuen sich über deren Auszeichnungen. Der Dorfplatz in dem auf halbem Wege zwischen Wangen und Isny gelegenen Eglofs (von den Touristikern manchmal keck als Piazza bezeichnet), dieser Platz erzählt die besondere Geschichte des Dorfs. Ein Reichsadler ist dort am Rathaus zu bewundern. Erstaunlich, war doch das stolze Wappentier in Oberschwaben den Reichsstädten und den österreichischen Gebieten vorbehalten. Das Tier ist aber in Eglofs schon am rechten Platz. Die Eglofser nahmen seit 1243 als vom Kaiser privilegierte „Freie Bauern" eine hervorgehobene Stellung ein, 1282 erhielten sie sogar die Stadtrechte. Allerdings gingen im Lauf der Jahrhunderte viele der Privilegien verloren. Zu spüren sind sie aber noch. Irgendwie ist Eglofs anders: Wo sonst gibt es eine so groß dimensionierte Dorfmitte, gepflastert und mit einem gusseisernen Brunnen. Auch das Rathaus wirkt städtisch, es war zugleich das Zunfthaus der Handwerker. Hinter dem Rathaus spitzt der Turm von St. Martin hervor, eine spätgotische Kirche, die wie so oft im Oberland barockisiert wurde. Stattlich präsentieren sich zwei Wirtshäuser, die „Rose" und der „Löwen" – „Nebeskirchen" (Nebenkirchen) sind das im Schwäbischen. Direkt am Platz stehen auch das Badhaus sowie der Dorfstadel mit Theatersaal und Museum. Bei der Kirche oder bei der „Rose" sollte man den Blick unbedingt nach Süden tief ins Argental und auf die nahen Gipfel der Alpen richten. Argenbühl rangiert bei den Sonnenstunden pro Jahr übrigens regelmäßig auf einem der ersten Plätze in Deutschland. Und noch ein Superlativ: Eglofs darf sich als eines der schönsten Dörfer Deutschlands rühmen. Es wurde im Wettbewerb „Unser Dorf soll schöner werden" mit Gold auf Landes- und mit Silber auf Bundesebene ausgezeichnet.

The Somehow Different Village

The village square of Eglofs, located halfway between Wangen and Isny, tells the special story of the village. An imperial eagle is mounted there on the village's council hall. This is strange, considering that the proud heraldic symbol of Upper Swabia was reserved for imperial cities and Austrian areas. However the eagle in Eglofs is in the right place. In 1243 the emperor gave the people of Eglofs the elevated status of "free farmers" and in 1282 this proclamation was passed into law. Over the course of centuries many of the privileges were lost. However, their effects can still be felt. Somehow Eglofs is different with its larger than normal cobblestoned village square, and its cast iron fountain. Also the village council hall is city-like; it also served as the tradesmen's guild hall. Behind the village council hall the spire of St. Martin's church soars. The church is built in the late Gothic style, even though so many other churches in the uplands were converted to the Baroque style. The "*Rose*" and and "*Löwen*" taverns also look as though they belong in a city. In the same place you can find the picturesque *Badhaus* and the *Dorfstadel* with its theater hall and museum. When passing by the church or the "Rose", one should definitely take a moment to drink in the view deep into the Argen Valley and of the nearby Alpine peaks. For years Argenbühl has been recognized as one of the sunniest places in Germany. In the "Our Village Should Be Prettier" competition, Eglofs was awarded Gold in the state category and Silver in the national category.

Die eisige Seite des Sees

Ein Januartag am Bodensee – das in Lindau an der äußeren Hafenmole entstandene Foto hält ihn fest. Winterliche Ruhe ist eingekehrt. Der ansonsten so freundliche See offenbart seine eisige Seite. Kein Schiff weit und breit. Wo sind die lärmenden, zankenden Möwen? Insider schätzen diese Zeit der kurzen Tage. Diese Zeit, in der die tief stehende Sonne feine, wechselnde Lichtspiele im Wasser erzeugt, Raureif in der klaren Luft liegt, leichter Wind den Wasserspiegel kaum bewegt, die Konturen in der Ferne verschwimmen. Links ist das österreichische Ufer mit der Landeshauptstadt Bregenz zu erkennen, irgendwo neben dem Hafen liegt die Festspielbühne. Darüber der Hausberg der Landeshauptstadt, der Pfänder. Er gewährt einen traumhaften Blick auf den Bodensee. Dann folgen die eher weichen Vorarlberger Flyschberge, dahinter türmen sich weiße Alpenriesen. Deutlich ist der Einschnitt des Rheintals zu erkennen. Aus ihm drangen die eiszeitlichen Gletscher hervor, schürften die Mulde des Bodensees aus und schoben das abgehobelte Material nach Norden, nach Oberschwaben. Westlich vom Rheintal dann der Säntis: Hausberg, Wächter, Koordinate, Fluchtpunkt, Landmarke und Wetterstation zugleich. Sechs Länder kann man von seinem Gipfel aus sehen. Für Oberschwaben ist es neben dem Hochgrat die wichtigste Landmarke.

Ganz anders sind die See-Sommertage. Man fühlt sich fast wie am Mittelmeer, besonders am Hafen, wenn ein warmes Lüftlein weht. Gäste aus aller Welt drängen sich an der Promenade, flanieren, kaufen ein, bevölkern Straßencafés und Hotels, fotografieren an der Hafeneinfahrt ihre Lieblinge, den majestätischen Bayerischen Löwen und den schlanken Leuchtturm. Der Löwe, aus Kelheimer Marmor gehauen, steht auf einem Sockel aus Nagelfluh, dem Allgäuer Leitgestein.

Als Bundesgenosse Napoleons hatte Bayern im Jahre 1806 den ersehnten Zugang zum Schwäbischen Meer bekommen. 1838 schipperte die „Ludwig", das erste eiserne Dampfschiff, in den Lindauer Hafen. Relativ früh, 1853/54, führte man die bayerische Hauptbahn über einen Damm auf die Insel. Einige Jahre danach wurde als Schnittstelle von Schifffahrt und Eisenbahn ein neuer, repräsentativer Seehafen mit den beiden „Wächtern" Löwe und Leuchtturm erbaut. Wem der Hafen zu betriebsam ist, der kann in die Altstadt fliehen. Sie hat ihren mittelalterlichen Charme bewahrt und weist mit Kirchen, Türmen, Plätzen und prächtigen Patrizierhäusern eine Fülle historischer Sehenswürdigkeiten auf. Es ist ein faszinierender Reigen aus Romanik, Gotik, Renaissance und Barock. Hauptachse ist die breite, von Gebäuden mit Erkern, Fachwerk, Krangauben und Laubengängen gesäumte Maximilianstraße, Prunkstück darin das reich bemalte Rathaus mit seinem Renaissance-Treppengiebel. Der Besucher freut sich aber auch an den engen, verwinkelten „Gässele" mit so schönen Namen wie Kickengässele, Mautgässele, Pfaffengässele und Zitronengässele.

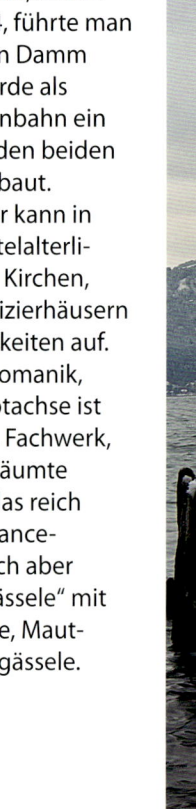

The Icy Side of the Lake

A January day on Lake Constance captured from the outer harbour mole in Lindau. The tranquility of winter has returned. The normally amicable lake now shows its icy side. Near and far, not a single ship can be seen. Where are the swooping, squabbling gulls? This time of short days is much appreciated by those in the know. This is the time when the low-lying sun creates playful light shows on the water and hoarfrost hangs in the air. Light winds hardly stir the water's surface and the shape of the landscape blurs in the distance. To the left is the Austrian shore of the lake where the state capital of *Bregenz* can be seen. Near the harbour the shape of the *Festspielbühne* can also be made out. The soft outline of the *Flyschberge* in Voralberg is recognisable, with jagged snow-covered mountains behind. The gash of the Rhine Valley is also distinctly discernable. This is where the glacier pushed through during the last ice age and hollowed out Lake Constance. The glacier pushed the lifted material north towards Upper Swabia.

53 | Tettnang
„Grünes Gold" auf Klettertour

Bruno Wagners prüfender Blick geht nach oben. Er ist zufrieden: Die Hopfenreben in seiner Anlage sind in den letzten Wochen enorm gewachsen. Die Ernte verspricht, reich zu werden. Das lichthungrige Gewächs kann täglich bis 35 Zentimeter zulegen und klettert während weniger Sommermonate auf sieben bis acht Meter Höhe – „im Uhrzeigersinn", betont der findige Hopfenbauer, der im zwei Kilometer nördlich von Tettnang gelegenen Dieglishofen neben anderen Sonderkulturen einen Hopfengarten von rund acht Hektar betreibt. Etwa 27 000 Stöcke gedeihen darin prächtig, wie man sieht. Wenn die Tettnanger vom „Grünen Gold" sprechen, meinen sie damit „ihren" Hopfen. Auf Schritt und Tritt begegnen dem Besucher hier im Hinterland des Bodensees die Stangen- und Drahtgerüste. Humulus lupulus, so der lateinische Name, windet sich an ihnen empor. Ende August werden die Hopfenreben knapp über dem Boden abgeschnitten, von den Gerüsten gerissen und zum Hof gefahren. Pflückmaschinen trennen die Dolden vom Hopfenstock, früher ist das mühsame Handarbeit gewesen. Die abgezupften Dolden werden sorgfältig getrocknet – hopfenleicht gemacht.

Das Hopfenland ist Bilderbuchland. Die meisten Hopfengärten sind eingebettet in eine abwechslungsreiche bucklige Moränenwelt. In den Senken dazwischen liegen Seen, Moore und Weiher.

Die roten Dächer der Dörfer, Weiler und Einzelhöfe bilden Tupfer in der grünen, runden Landschaft. Standbeine neben dem Hopfen sind die Milchwirtschaft und der Obstbau – im Mai gleicht das Land einem Blütenmeer. Gott sei Dank überlebten auch viele Streuobstbestände; aus dem Obst werden Apfelsaft und diverse Schnäpschen. „Wir schnapset au", sagt Bruno Wagner. Dank seiner frostfreien südexponierten Lage erntet er seit einigen Jahren sogar Pfirsiche und Nektarinen.

Die Geschichte der Stadt Tettnang ist eng mit derjenigen der Grafen von Montfort verbunden. In schönster Lagen mit prächtigem Blick auf den nahen Bodensee bauten sie im 18. Jahrhundert ihr prunkvolles „Neues Schloss", was sie später in den Ruin trieb. Die prächtig ausgestattete Vierflügelanlage ist in großen Teilen zu besichtigen. Wem mehr am „Grünen Gold" liegt, sollte dem etwa vier Kilometer langen „Hopfenpfad" folgen. Er führt von der Stadt zum Hopfenmuseum in Siggenweiler. Der Besucher fühlt sich dort in jene Zeit versetzt, in der die Kultivierung des Humulus lupulus noch eine mühselige Handarbeit war und Heerscharen gering entlohnter Pflückerinnen das „Hopfezupfe" übernahmen. Viel erfährt man hier auch vom Brauchtum, von „Hopfengeld", „Hopfensau" und „Hopfentanz". Hopfen ist in Tettnang eben mehr als nur eine lukrative Pflanze, die hoch hinaus will.

53 | Tettnang
High-flying "Green Gold"

Bruno Wagner gazes upwards and likes what he sees. In recent weeks, his hop vines have been growing well. The harvest promises to be a good one. These light-hungry plants can grow up to 35 centimeters a day and during the summer months they climb to seven or eight meters high. This resourceful hop farmer, as well as being involved in other specialty crops, runs an eight hectare hop garden in *Dieglishofen*, which is about two kilometers north of Tettnang. As you can see, about 27,000 hop vines make for quite an impressive sight. When people from Tettnang say "Green Gold" they are talking about "their" hops. Here in the hinterlands of Lake Constance, at every turn, *Humulus lupulus* (the Latin word for hop), twines

upwards on rods and wire frames. In August the vines are then clipped close to the ground, ripped from the frames and taken away to be processed. It used to be strenuous work but nowadays special plucking machines separate the hop umbels from the vines. The plucked hops are then meticulously dried. It's easy. Even if you don't like beer, hop country is still a wonder to behold.

54 | Bodolz bei Lindau
Mediterrane Heiterkeit

„Da erfüllt uns doch das Glück, in dieser ein-zigartigen, milden, gesegneten Landschaft mit ihren lebendigen, verschiedenartigen Kul-turregionen leben zu dürfen." Dieser Satz des Schweizer Gelehrten Dino Larese (1914–2001), einem der wichtigsten Kulturschaffenden des Bodenseeraums, kann einem in den Sinn kom-men, wenn man auf einer der Höhen im ruhigen Hinterland des Bodensees steht. Noch ist April, aber schon jetzt verbreiten die ersten Obstbäu-me zarte Düfte. Beim Fototermin ist es zwar kein leuchtend-strahlender Tag mit kräftig frischen, sondern eher mit gedämpften, zurückgenomme-nen Farben. Doch der Betrachter ist überwältigt von der Weite der Landschaft. Hell flimmert der See. Die Insel Lindau mit der ehemaligen Reichsstadt schiebt sich wie ein Schiff in ihn hinein. Rechts ragt der Turm des Nobelhotels Bad Schachen auf. Über dem See: das dunkle Blau der Berge, diejenigen Vorarlbergs auf der linken Seite kommen dem See ganz nahe, etwa der Pfänder mit seinem breiten Rücken. Er kann es mit der Pracht der noch schneebedeckten Riesen aber nicht aufnehmen. Rechts die Berge der Schweiz mit dem von der deutschen Seite

aus allgegenwärtigen, 2502 Meter hohen Säntis. Der Name Schweiz klingt nach Friedvollem und Urtümlichem, nach Wohlstand und Beständigkeit.

Der Rheingletscher hat das Bodenseebecken ausgeschürft. Darin sammelte sich das Wasser. Heute ist der Bodensee, gemessen am Wasser-volumen, nach dem Genfer See der zweitgröß-te See Mitteleuropas. An seiner tiefsten Stelle misst er 254 Meter. Unvorstellbare 50 Milliarden Kubikmeter Wasser schaffen ein eigenes, mildes Klima. So atmet die Landschaft an den Ufern eine fast mediterrane Heiterkeit. Die Tiefen des Sees bergen auch einen Schatz: Wasser von hoher Qualität. Über vier Millionen Baden-Württemberger trinken es, versorgt durch ein gigantisches Netz von Wasserleitungen. „Die trinken uns den See leer", jammerte man anfangs. Doch die Entnahme beträgt nur einen Bruchteil des Zuflusses, den vor allem der Rhein besorgt.

Irritationen bereitet manchmal die Bezeichnung „Schwäbisches Meer". Man muss wissen, dass rund um den See nach der Völkerwanderung Angehörige des Stammes der Alemannen siedelten, wobei die Sueben einen Teilstamm bildeten. Die Namen Alemannen und Schwa-ben waren ursprünglich gleichbedeutend, der alemannische Raum war in jenen frühen Tagen unserer Geschichte und noch lange danach eine Einheit. Alle Mannen (und natürlich auch die Frauen) um den Bodensee – die Deutsch-Schweizer, die Vorarlberger, die Südbadener, die

bayerischen Schwaben und die Oberschwaben, sie alle sind somit gleichen Geblüts, sprechen aber heute etwas verschiedene Dialekte. Die Anrainer am See können somit alle das „Schwä-bische Meer" für sich in Anspruch nehmen. Die Bezeichnung „Bodensee" leitet sich in-dessen vom Ortsnamen Bodman ab, einer fränkischen Königspfalz am Überlinger See.

54 | Bodolz near Lindau
Alps and Lake in View

"It makes us feel lucky to be able to live in this unique, gentle and blessed landscape with its lively and varied cultural regions." When standing on the heights of Lake Constance's hinterland, this statement from Dino Larese (1914-2001), a Swiss academic, really rings true. Larese was one of the most important creative artists of the Lake Constance region. It's still April, but already the first fruit trees are spreading their blossoms and scents. The day of the photo shoot wasn't bright and sunny; instead it was marked by understated and subtle colours. Even so, the beholder cannot help but be overwhelmed by the sheer breadth of the landscape. The lake shimmers. Lindau Island, with its former imperial city, seems to sway to and fro like a boat on the lake. To the right the tower of the luxurious Bad Schachen Hotel juts out. Above the lake one can see the dark blue of the mountains. To the left the mountains of *Vorarlberg* come close to the

lake and something of the *Pfänder*, with its wide ridge, can also be seen. However the *Pfänder* can't compete with the mighty snow-covered giants. To the right the 2,502 meter high *Säntis* is always visible from the German side of the lake. The Rhine Glacier carved out the basin of Lake Constance. Later, the basin filled with water. After the *Genfersee*, Lake Constance, in terms of water volume, is the second largest lake in Central Europe. It is 254 meters deep at its deepest point. An unimaginable 50 million cubic meters of water have created a unique and mild clima-te. This effect has endowed the shores of Lake Constance with an almost Mediterranean feel.

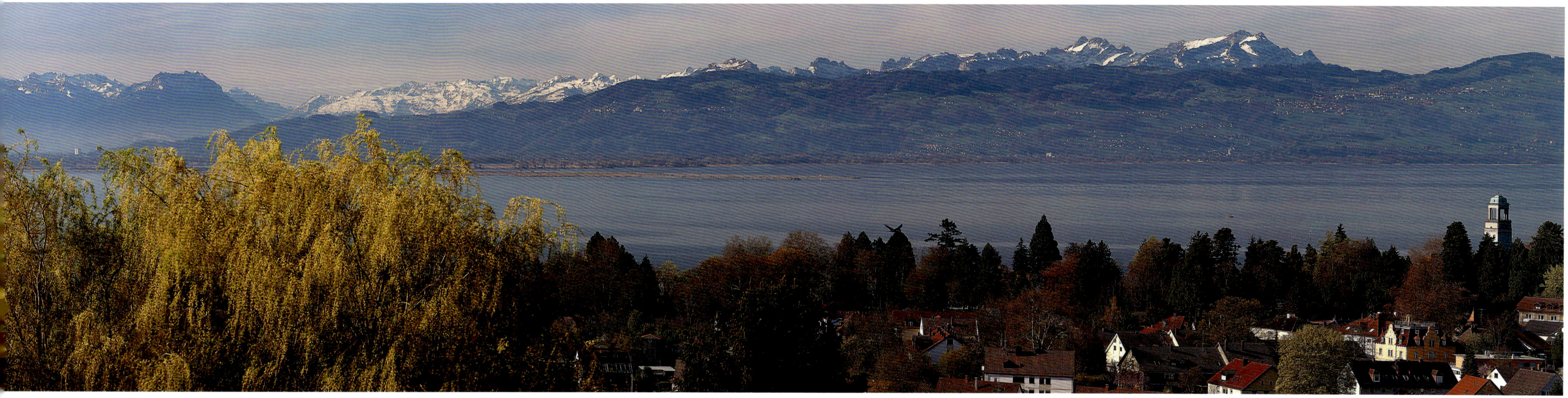

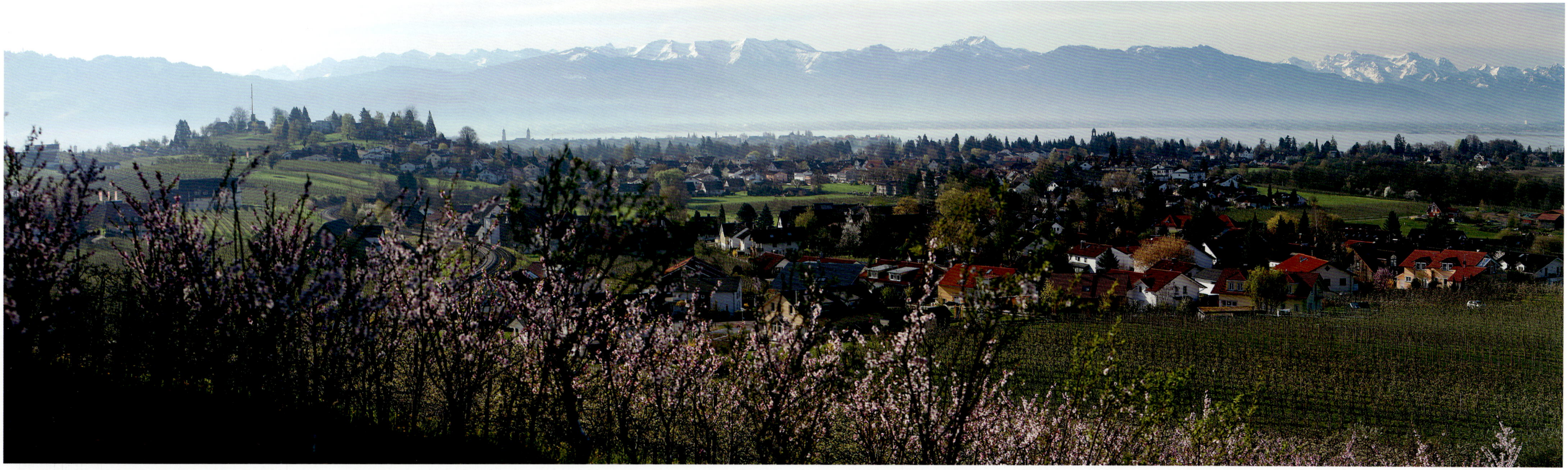

Früchte unterm Netz

„Saftig, knackig und schön sollen die Äpfel heute sein, und sie sollen einen originellen Namen tragen wie Jazz, Kanzy und Cameo", sagt Ulrich Mayr vom Kompetenzzentrum Obstbau Bodensee in Bavendorf bei Ravensburg. Dieser für die Sortenprüfung zuständige Fachmann erzählt weiter, dass die Äpfel heute „Wohnzimmer-Tauglichkeit" haben sollten. Sie müssten in der Obstschale bei Zimmertemperatur lange frisch bleiben, der Geschmack spiele bei modernen Sorten eher eine untergeordnete Rolle. „Kaum einer kennt noch Sortennamen". Die Erwerbsobstbauern haben sich den neuen Ansprüchen angepasst und in den letzten Jahrzehnten vermehrt intensiv betriebene Obstplantagen eingerichtet. Leider sind dabei viele der traditionellen Streu-obstwiesen der Axt und der Säge zum Opfer gefallen. Diese Streuobstwiesen sind allerdings von unschätzbarem ökologischen Wert, mit ihnen verlieren viele Tiere, etwa Höhlenbrüter und Insekten, Nahrung und Lebensraum. Die Früchte dieser individuell gewachsenen Hochstämme sind als Tafelobst nicht mehr gefragt.

Dicht reihen sich in Plantagen die Apfel- und Birnbäume im nördlichen Vorland des Bodensees, wobei sich immer mehr der Anlagen unter den Netzen verstecken, die sie vor Hagelschlag schützen. Laut Ulrich Mayr haben aufgrund des Klimawandels die Wetterkapriolen und die Hagelhäufigkeit in den letzten Jahren zweifellos zugenommen. Äpfel mit kleinen Macken sind heute als Tafelobst nicht mehr zu verkaufen, sie wandern in die Apfelpresse oder verwandeln sich in Obstler.

Jährlich werden hier über 240 000 Tonnen Obst geerntet. Die Region zählt neben dem Alten Land bei Hamburg zu den wichtigsten Obstanbauregionen in Deutschland. Dank der Nähe des wärmespeichernden Bodensees beschert das milde Klima dem Obstliebhaber ein Schlaraffenland mit Äpfeln, Birnen, Kirschen, Hopfen, Spargeln, Beeren und anderen Gewächsen. „Es gibt nicht viel, was hier nicht wachsen und gedeihen könnte", schreibt einmal die am Bodensee aufgewachsene Dichterin Maria Beig (1982 Rabenkrächzen). Die Hauptkultur der rund 1600 Erwerbsobst-baubetriebe sind die Äpfel. Sie werden überwiegend in Niederstammkulturen gezogen. Die buschhohen Bäume sind nicht nur leichter (vom Traktor aus) zu pflegen und abzuernten als die Hochstämme, sie tragen auch schneller und erlauben somit eine raschere Umstellung auf die von den Verbrauchern bevorzugten Sorten. Die angebauten Hauptsorten lassen sich an einer Hand abzählen (2010): Jonagold (27 Prozent), Elstar (19 Prozent), Breaborn (7 Prozent), Gala (7 Prozent) und Idaret (6 Prozent). Welch eine Geschmacksverarmung!

Auf dem etwa 30 Hektar großen Gelände des Kompetenzzentrums in Bavendorf stehen 300 der neuesten Apfel- und Birnensorten aus aller Herren Länder. Die Fachleute testen die neuen Züchtungen auf ihre Eignung zum Anbau. Sie sorgen aber auch für den Erhalt der alten Sorten, indem sie eine Gen-Datenbank führen und sich um ihre Verbreitung kümmern. Im Herbst kommen die Apfelliebhaber zum Zug und können hier die alten Sorten kaufen. Für viele ein Genuss, eine Kindheitserinnerung und eine Erinnerung an klangvolle Namen wie Brettacher, Grafensteiner oder Glockenapfel, Freiherr von Berlepsch, Klosterapfel oder Schöner von Boskop.

Fruit under Wraps

"Apples these days should be juicy and crunchy and should have interesting names like Jazz, Kanzy and Cameo", says Ulrich Mayr, from Lake Constance's fruit-production center of excellence in *Bavendorf*, near Ravensburg. Mayr is an expert responsible for the inspection of apple varieties and further explains that apples these days need to be "living room suitable". The apples need to stay fresh in the fruit bowl for a long time at room temperature and that with modern varieties flavour plays a rather minor role. He says that hardly anyone knows the names of the varieties anymore. The fruit growers have adapted to the new demands and in recent decades have established increasingly large-scale fruit plantations.

Unfortunately, many of the traditional meadows with scattered fruit trees have fallen victim to axe and saw. Fruit from these traditional scattered orchards is simply no longer in demand. On the northern foothills of Lake Constance the apple and pear trees are arranged in dense rows. Every year more orchards are hidden under nets, used to protect the fruit from hailstorms. This region yields an annual harvest of over 240,000 tonnes of fruit. The area, alongside the *Altes Land* near *Hamburg*, is one of the most important fruit-growing regions in Germany. The mild climate, due to the proximity of Lake Constance, is to thank for the veritable cornucopia of apples, pears, cherries, hops, asparagus, berries and other crops.

Luftfahrtvisionen unter einem Dach

Einen besseren Platz hätte man für das Dornier-Museum nicht finden können – gleich neben dem Flugplatz in Friedrichshafen. Und es ist eine kühne, klare Architektur, die dem Erbe des großen Konstrukteurs Claude Dornier einen authentischen Rahmen verleiht. Das visionäre Lebenswerk spiegelt sich in dem Bauwerk. Die außergewöhnliche, durch die Lichtinstallation besonders akzentuierte Gebäudeschale in Form eines Hangars zeichnet eine gedachte Rollfeld-Abzweigung des Flughafens. Flugzeuge standen am Beginn des Unternehmens, das inzwischen zu den weltweit bedeutendsten Firmen auf dem

Gebiet der Luft- und Raumfahrt gehört. Der Menschheitstraum vom Fliegen ist ein Stück weit am Bodensee wahr gemacht worden. Die Luftfahrt-Pioniergeschichte begann, als der württembergische König Wilhelm II. dem Reitergeneral Ferdinand Graf von Zeppelin ein Stück Ufergelände in Manzell bei Friedrichshafen überließ. Dort stieg am 2. Juli 1900 der erste Zeppelin auf. Der in Kempten geborene Claude Honoré Desiré Dornier leitete später eine Abteilung im Zeppelin-Konzern, aus der sich die Dornier-Werke entwickelten. Bei Dornier entstanden allerdings keine Luftschiffe, sondern Flugzeuge. Darun-

ter legendäre wie 1929 die „Do X", das damals größte Flugzeug der Welt. Dieses Flugboot schaffte sogar den Sprung über den Atlantik. Im Dornier-Museum werden allein zwölf Original-Flugzeuge präsentiert. Unser Führer, ein Technik-Freak, wie kann es anders sein, weiß aber auch über die Person des Claude Dornier zu erzählen, dass er Naturfreund war, ein Faible für das Bergsteigen hatte, Zither spielte und Schnaderhüpferl sang. Auch die Probleme in und nach den Weltkriegen werden angesprochen, als die Flugzeugbauer, denen kriegsbedingt die Flügel gestutzt worden waren, sich in anderen Branchen und

Forschungszweigen betätigten. Dorniers Leistungen beeinflussten schließlich auch den technologischen Fortschritt in der Raumfahrt. Teile des Spacelabs oder wissenschaftliche Forschungssatelliten geben Einblick in Planetenforschung, Astronomie und Erdbeobachtung. „Kommen Sie an Bord!", so steht es in der Museumswerbung.

Friedrichshafen, bis 1803 winzige Reichsstadt, später noble Sommerresidenz der württembergischen Könige, hat seit dem Beginn des 20. Jahrhunderts durch die Industrie wahrlich einen Höhenflug erlebt. Jeden Tag sind heute

in Friedrichshafen mehr als 30 000 Beschäftigte unterwegs zur Arbeit, viele davon zu Firmen, die in ihren Anfängen mit der Luftfahrt zu tun hatten, etwa ZF, MTU und Dornier. Beeindruckend sind die Superlative, die die Stadt bieten kann: Hightech-Standort, Messestadt, Stätte glänzender kultureller und sportlicher Ereignisse sowie Standort der Zeppelin-Universität. Erstaunlich viel für eine Stadt von 60 000 Einwohnern.

56 | Friedrichshafen, Dornier-Museum
Visions of Flight under One Roof

Next to the airport in Friedrichshafen, you couldn't find a better place for the Dornier Museum if you tried. With its clear architecture it makes a bold statement and acts as a fitting tribute to one of the great design engineers, *Claude Dornier*. Dornier's visionary lifework is truly mirrored in the construction. Shaped in the form of a hangar and brilliantly accentuated through lighting, the cladding of the structure is a commemoration of an airport runway. Aircraft marked the company's beginnings, which since then has become one of the most important and influential companies in the areas of air

and space flight. On Lake Constance, a part of humanity's age old dream of flight was realized.

The pioneering history began when King Wilhelm II of Württemberg gave a small piece of lakeshore in Manzell to cavalry general *Ferdinand Graf von Zeppelin*. The first-ever Zeppelin took off from here on the 2nd of July, 1900. Claude Honoré Desiré Dornier was born in Kempten and after heading up a division of the Zeppelin Group, he founded the *Dornier-Werke*. No airships were produced by Dornier, only aeroplanes. Some of those aeroplanes were legendary, such as the

'Do X' in 1929 which, at the time, was the largest aeroplane in the world. The "Do X" even flew across the Atlantic. At the Dornier Museum there are no less than twelve original aircraft on display.

Teufelsaustreibung am Seeufer

Die Enthüllung der „Magischen Säule" des Bildhauers Peter Lenk am 28. April 2007 lockte Tausende Besucher an die Hafenmole Meersburgs. Alles war gespannt: Wen werden Häme und Sarkasmus des so umstrittenen Künstlers dieses Mal treffen? Das Ereignis verlief allerdings recht harmlos, Lenk schonte die Zeitgenossen und suchte sich seine „Opfer" in der Vergangenheit der Stadtgeschichte. Entzücken beim Premierenpublikum löste die Wiedergabe der Dichterin Annette von Droste-Hülshoff aus. Lenk stellt sie auf der Spitze der hohen Säule als Seemöwe dar – wohl anspielend auf ihr bekanntes Gedicht „Am Thurme" („… und zischend wie eine Seemöve streifen …"). Darunter ist Amor zu erkennen, der drei seiner Pfeile abschießt. Ziel ist Annettes Schwager, der Burgherr Josef von Laßberg, der drei Mal verheiratet war. Eher Schmunzeln löste die Wiedergabe der Wendelgard von Halten aus. Splitternackt auf Spätburgertrauben hockend zeigt sich das Edelfräulein den Besuchern auf der Mole. Das steinreiche, jedoch bucklige und „schweinsrüsselige" Fräulein soll der Legende nach vor rund 700 Jahren auf ihrem Rebgut Haltnau bei Meersburg gelebt und ihren Besitz den Meersburgern versprochen haben, sofern ein „Stadtoberer" sie ausführen und zum Abschied küssen würde. Das ging den Meersburgern doch zu weit – die Konstanzer fanden sich indessen dazu bereit. Seitdem gehört ihnen das Weingut Haltnau, sie

keltern dort bis zum heutigen Tag den geschätzten Konstanzer Spitalwein. Am Tag der Enthüllung nahm das anwesende Publikum auch keinen Anstoß an der Szene einer Teufelsaustreibung, wie sie durch den Exorzisten Johann Joseph Gaßner im 18. Jahrhundert stattgefunden hatte. Selbst nicht an diversen deftigen Teufeln, die aus dem Hintern eines Besessenen ausfahren …

Der 1947 in Nürnberg geborene Peter Lenk lebt in Bodman-Ludwigshafen. Besonders bekannt von seinen vielen Skulpturen am Bodensee sind die „Imperia" in Konstanz, die „Dix Kurve" in Gaienhofen und der „Bodenseereiter" am Überlinger Landeplatz. Seine Werke werden immer wieder heftig kritisiert, da er bewusst Tabus verletzt, beispielsweise durch die Darstellung nackter Prominenter. Einen Eklat provozierte Lenk zum Beispiel in Überlingen, wo er den ortsansässigen „Dichterfürsten" Martin Walser unvorteilhaft darstellt als „Reiter über den Bodensee", auf einem alten Gaul sitzend, mit Schlittschuhen statt Sporen an den Füßen, umgeben von eher älteren nackten Wasserjungfern. Viele Besucher finden Gefallen an den plastischen Karikaturen, die häufig zu Anziehungspunkten und Werbe-Ikonen geworden sind. In Meersburg hatte der Winzerverein schon zur Enthüllung des Kunstwerks einige Tausend Weinflaschen mit Etiketten der „Magischen Säule" bestückt. Reißenden Absatz fand die frech und obszön auf den Trauben sitzende Edelgard.

A "Magical Column"

The unveiling of sculptor Peter Lenk's Magical Column on April 28th, 2007, drew thousands of visitors to the harbor mole of Meersburg. Everyone was anxious to see who the sculptor's malice and sarcasm would be directed at this time. The event ended up being relatively harmless as Lenk spared his contemporaries and chose his 'victim' from the history of Meersburg. Lenk delighted the audience at the unveiling with his rendition of poet *Annette von Droste-Hülshoff's* work. Lenk placed a seagull at the top of his sculpture, alluding to the well-known poem "Am Thurme" ("… zipping through the air like a streaking seagull…"). Underneath one can recognize Cupid, shooting his arrows. This is after all one of the most meaningful themes in Meersburg. It was here in the 13th century that one of the Princely Archbishops of Constance composed the

tenet "Amor vincit omnia" – love conquers all. He rendered the character of *Wendelgard von Halten* with a grin. The noble young woman is depicted sitting on grapes, without a stitch of clothing on. According to legend, the extremely rich, hunched, and pig-snouted young woman was supposed to have lived around 700 years ago on a vineyard in *Haltnau*, near Meersburg. She said that she would bequeath her estate to the people of Meersburg if one of the city leaders kissed her farewell. That was a little too much for the people of Meersburg, however the Citizens of Constantine were more than willing. Since then the City has owned the winery and even today the highly valued *Spitalwein* of Constance is produced.

„Auf der Burg haus' ich am Berge ..."

Kleine Stadt – ganz groß. So wirbt Meersburg. Und wirklich, diese Stadt ist kaum über den Mauerring hinausgewachsen. Aber eine spannende Historie, ein unverwechselbares Erscheinungsbild und vor allem die einzigartige Topografie inmitten von üppigen, sonnigen Rebbergen machen sie zu einer der interessantesten unter den Städten am Bodensee. Während sich die meisten eher flach am Ufer ausdehnen, ziehen sich die Häuser Meersburgs steil bergauf der uralten „Meersburg" und dem Neuen Schloss entgegen. Der Lebensraum in der Unterstadt, die eine Stadt der Bürger war, ist begrenzt. In der oberen Etage

wohnten einst die Herren, die Fürstbischöfe aus Konstanz. 176 Stufen, Steigen und Stiegen, romantische Plätzchen und Gassen verbinden oben und unten. Schroff ist der Gegensatz zwischen der uralten, trutzigen Meersburg, die auch Altes Schloss genannt wird, und dem hellrot leuchtenden Neuen Schloss hoch oben auf dem Felsen. Drei Meter dick und dunkelgrau sind die Mauern der Meersburg, die der Stadt ihren Namen gab. Vielhundertfach gemalt und fotografiert ist sie die älteste deutsche bewohnte Burg, nachweislich vor dem Jahr 1000 gebaut worden. Im Fokus unseres Fotografen steht der

Bergfried, der so genannte Dagobertturm. Am Horizont zeichnen die Lichter das Schweizer Seeufer und die Konstanzer Seite nach.

Der Besucher der Burg kann in die alte Ritterzeit hineinträumen: Furchteinflößend wirken die Waffen und Rüstungen; es schauert den Besucher, wenn er erfährt, dass gefangene Feinde durch ein Loch in das neun Meter tiefe Burgverlies gestoßen wurden. Entdeckt ist inzwischen ein Geheimgang, der 1334 vor einer Belagerung durch den relativ weichen Molassefelsen bis zum Bodensee getrieben wurde. Schon seit dem 13. Jahrhun-

dert gehörte die Meersburg den Fürstbischöfen von Konstanz. Während der Reformationszeit verlegten sie sogar ihren Sitz hierher und hielten von hier aus die Fäden des Bistums in der Hand. Bei der Säkularisation 1803 fiel die Burg an das Großherzogtum Baden. Einen geplanten Abriss vereitelte der Freiherr von Laßberg, ein romantischer Verehrer des Mittelalters. Prominenteste Bewohnerin wurde seine unverheiratete Schwägerin, Annette von Droste-Hülshoff, eine der größten deutschen Dichterinnen. Sie wohnte zwischen 1841 und 1848 in dem alten Gemäuer („Auf der Burg haus' ich am Berge,

unter mir die blaue See ..."), verbrachte hier eine der kreativsten und glücklichsten Phasen ihres Lebens und schrieb in der sanften Bodenseelandschaft sogar das schaurige Gedicht vom „Knaben im Moor" und von den „Koboldzwergen" in der Burg. Vom Honorar der ersten Buchausgabe ihrer Gedichte hatte Droste auch das über der Stadt auf sonnigem Rebhügel thronende Fürstenhäusle ersteigert. So oft es ging, stieg sie dort hinauf, blickte auf den See hinab und brachte so manchen Vers zu Papier. 1848 verstarb „die Droste". Begraben ist sie auf dem Meersburger Friedhof.

In the Castle on the Mountain

"Small City – Really Big" is the motto of Meersburg. It really is true though that the city barely extends beyond the city walls. This city with its exciting history, unmistakable appearance, and unique location nestled among sloping, sunny hills full of vineyards makes it one of the most interesting cities in the whole of the Lake Constance region. While most of the cities in the area stretch along the flatlands near the lakeshore, in Meersburg the houses go straight up towards the ancient Meersburg Castle and the New Castle. In the lower city the living area is limited and used only to be inhabited by commoners. The aristocracy, including the Princely Archbishop of Constance, used to inhabit the upper levels of the city. 176 steep stairs, quiet romantic places and alleys connect the upper and lower city. There is also a stark contrast between the defiant old Meersburg, often called the "Old Castle", and the beaming bright red "New Castle" perched high upon the rocks. The walls of Meersburg Castle are three meters thick and dark gray in colour, and coincidentally gave the city its name. The castle has been photographed and painted hundreds of times and qualifies as the oldest inhabited castle in Germany. It has been verified that the castle was built before 1000 CE. A trip to this castle is like voyaging back to the age of chivalry. The most prominent resident was one of Germany's most famous poets, *Annette von Droste-Hülshoff*. She resided in the castle from 1841 to 1848 and in the castle perched upon the mountains, above the blue lake she spent one of the happiest and most creative periods of her life.

Weltkulturerbe auf Pfählen

Einbaum fahren, Speere werfen, Amulette bohren, Feuer entfachen, Getreide mahlen oder Brei kochen: das ist der etwas andere Stundenplan, dem Schülergruppen im Pfahlbaumuseum Unteruhldingen folgen können. Sie schlüpfen in Steinzeitkleidung, und damit auch in die Rolle unserer frühen Vorfahren, und entdecken spielerisch die Welt der Steinzeit und der Bronzezeit. Sie erleben so hautnah das harte Dasein der Bauern und Fischer, die schon Jahrtausende vor den Römern und Alemannen am Bodensee siedelten. Seit dem Rückzug der Gletscher am Ende der letzten Eiszeit um 10 000 v. Chr. hatte ein dichter Mischwald im bis dahin fast vegetationsleeren Alpenvorland wieder Einzug gehalten. Inmitten der waldbedeckten Landschaft fanden Menschen in der Jungsteinzeit an freien Seeufern und Flussniederungen die besten Siedlungsplätze. Hier war keine mühselige Rodungsarbeit notwendig, die Holzpfähle konnten leicht in den weichen Schlick des Ufers gerammt werden. Zudem war das Fischen erleichtert, und die „Häuslesbauer" waren vor Raubtieren und bösen Nachbarn geschützt. Das Bodenseeufer in Unteruhldingen bot sicherlich einen günstigen Platz für diese Siedlungen, die hier zwischen 4300 und 800 v. Chr. bestanden. Das Ende kam vielleicht durch einen Anstieg des Seespiegels. Unter Wasser und in feuchtem Boden haben jedenfalls Pfahlbaureste überdauert. Die Lagerung im Seeboden unter Luftabschluss konservierte auch andere Spuren wie Textilien und Reste von Nahrungsmitteln, aber auch zahlreiche Gegenstände des täglichen Lebens. Spuren aus solch frühen Zeiten sind auf der ganzen Erde sehr selten zu finden – ein Grund dafür, dass die Pfahlbauten in Unteruhldingen zusammen mit anderen Pfahlbauten an den Seen des Alpenraumes im Jahre 2011 von der UNESCO zum Weltkulturerbe erklärt wurden. Die Fundstellen sind die ersten archäologischen Unterwasser-Denkmäler mit dieser begehrten Auszeichnung. Die Erforschung der Siedlungen in Unteruhldingen hat schon im 19. Jahrhundert eingesetzt. Besonders spektakulär waren aber die ersten tauch-archäologischen Untersuchungen im Jahre 1955, kurz nach der Erfindung der Aqualunge durch Jacques Cousteau. Weitere Forschungen – nun auch mit Luftfotos – in den 1980er-Jahren wiesen die Existenz von drei Siedlungen und 87 Hausgrundrissen um 900 v. Chr. nach. Ziel des Museums in Unteruhldingen ist es, die meist unsichtbaren, fragilen und schützenswerten originalen Kulturreste, original und rekonstruiert, der Bevölkerung zu präsentieren. Denn dieses neue Welterbe hat das Handicap, dass es unter Wasser liegt und nur im Tauchanzug zu besichtigen ist. Deshalb bedient man sich modernster pädagogischer Methoden, um es geschickt zu inszenieren. Nicht nur Schüler genießen das, auch die vielen anderen Gäste haben ihre Freude daran.

The World Cultural Heritage of Stilt Houses

Since the retreat of the glaciers at the end of the last ice age (around 12,000 years ago), a dense mixed forest established itself on the then barren Alpine foothills once more. In the richly wooded landscape, during the Early Stone Age, our ancestors found the best places to settle along the open lakeshores and flood plains. In these places there was no need for extensive vegetation clearing work. Wooden stakes could easily be hammered or rammed into the mud of the lakeshore. In a stilt house it was easy to fish, and to protect yourself from predators and angry neighbours. The shore of Lake Constance surely offered perfect conditions for the settlements that were inhabited here between 4300 and 800 BCE. The end of settlement perhaps occurred due to a rise in the lake level. The remains of stilt houses have survived by being under water and embedded in the lake floor. The occurrence of air pockets also caused other traces of habitation, such as cloth and food and various daily household articles, to be preserved. Remains from such early times are not often found and it is because of this that in 2011 the *Unteruhldingen Pfahlbauten*, along with other *Pfahlbauten* in the Alpine area, were declared as World Cultural Heritage sites by UNESCO. These were the first ever under water archaeological sites to be accorded such an honour.

Paradiesgärtlein der Mönche

Der Baumeister Peter Thumb war mutig. Er richtete die Wallfahrtskirche „in der Birnau" nicht wie üblich nach Osten, sondern nach Norden aus. So konnte er eine schlossartige Schaufassade nach Süden zum Bodensee hin gestalten, in dessen Mitte der Kirchturm mit seinem kunstvollen Helm aufsteigt. Die schon geplante Freitreppe hinab zum See hätte den Effekt zusätzlich gesteigert, wurde aber nicht ausgeführt. Dennoch kommt der Besucher ins Schwärmen: selten ein Landstrich, in dem Natur- und Menschenwerk so glücklich vereint sind wie in diesem. Die Topografie des Standorts erscheint mit Bedacht zusammengestellt: Kloster Birnau, die Klosterhöfe, das Seeufer mit Schloss Maurach, die Weinberge, die Streuobstwiesen, die Pappelreihen und andere Gehölzgruppen bilden geradezu ein Synonym für die Bodenseelandschaft.

Die Zisterzienser des Klosters Salem waren die Bauherren in der Birnau. Dieses Kloster war eines der reichsten überhaupt in Süddeutschland, es konnte sich so berühmte Künstler leisten wie den Vorarlberger Architekten Peter Thumb, den Bildhauer Joseph Anton Feuchtmayer sowie den Maler und Freskanten Gottfried Bernhard Göz. Dieses kongeniale Trio schuf um die Mitte des 18. Jahrhunderts ein Kleinod des Rokoko. Der Besucher ist überwältigt vom Formen- und Farbenreichtum und vom Spiel des Lichts im Raum. Das Kirchenschiff weitet und verengt sich in harmonischen Schwüngen, eine Galerie mit lebhafter Brüstung steigert diese Bewegung. Typisch für die Rokokozeit sind Rocaillen, asym-

metrische Schwünge, gekerbte, gerippte und knorpelige Oberflächen, ebenso organische Gebilde wie Blätter, Schnecken und Muscheln. Alles Plastische ist von einer ungemeinen Zartheit. Mehr noch als das alte Gnadenbild der „lieblichen Mutter von Birnau" im Chor zieht der berühmte Honigschlecker die Besucher an. Das „Himmlische Schleckmaul" mit dem Bienenkorb spielt auf das Rednertalent des hl. Bernhard an. Die Worte des Ordensgründers der Zisterzienser seien so „süß wie Honig" gewesen. Bei den Arbeiten in der Birnau ist der Freskomaler Göz vom Gerüst gefallen und brach sich dabei den Fuß. Daran knüpft sich ein Histörchen: Die Klosterleute hätten vermutet, es sei wohl Alkohol im Spiel gewesen, denn Göz soll immer eine ansehnliche Menge Wein zum Mischen der Farben angefordert haben. In diesem Fall wohl nicht nur zum Malen, sondern auch zur „inneren Anwendung". Der Abt verzieh, denn Göz tat Buße und malte sich mit Bandage und Krückstock an die Kirchendecke (bei der großen Uhr), wo er sich unter die armen und kranken Bittsteller zu Füßen Mariens einreiht.

1803 wurde das Kloster Salem säkularisiert, die Wallfahrtskirche kam in den Besitz des Markgrafen von Baden. Erst 1919 kehrte wieder zisterziensisches Klosterleben in die Birnau ein. Die Weinberge um das Kloster blieben aber in der Hand der Markgrafen von Baden. Im Hofgut oberhalb der Kirche kann man die erlesenen Tropfen verkosten und erwerben.

The Monks' Little Paradise Garden

Peter Thumb, the master builder, was brave. He didn't build the pilgrimage church of Birnau facing the east, as is normally done; instead he oriented it towards the North. In this way he was able to construct the church, with its soaring elaborate steeple, so that the palatial façade faces towards Lake Constance in the South. The planned outside staircase descending towards the lake would have increased the overall effect. However the staircase was never built. Even

so, visitors come in droves to see the poetic synergy of nature and man-made construction. The layout of the area seems as if it was carefully considered before being put together. The cloistered courtyards of Birnau Monastery, *Maurach* Castle by the lakeshore, vineyards and scattered fruit orchards, stands of poplars and other groves all together form a vision synonymous with the landscape of Lake Constance.

Dame im Blumenkleid

„Sie ist eine kokette kleine Dame, diese Mainau, die stets und ständig große Aufmerksamkeit fordert, noch mehr Liebe und vor allem unaufhörlich neue Kleider." So beschrieb der 2004 verstorbene Graf Lennart Bernadotte seine Insel, wobei er bei den neuen Kleidern auf ihre immer wieder wechselnde Blumenpracht anspielte. Schon im 19. Jahrhundert hat das Eiland mit seiner herrlichen Natur und der prächtigen Schlossanlage Reisende und Schriftsteller angezogen. Inzwischen lockt es Besucher in Scharen an. Vor allem in der Saison gleicht das im Überlinger See gelegene Inselchen einem Blütenmeer. Bereits im Februar und März lassen die ersten Frühjahrsblüher, wie Schneeglöckchen, Krokusse oder Winterlinge, die Tristesse des Winters endgültig vergessen. Ihnen folgen Narzissen und Tulpen. Was wäre ein Frühling auf der Mainau ohne diese beliebte Zierpflanze mit ihrer so fesselnden Geschichte. Die Gärtner pflanzen alljährlich davon annähernd 400 verschiedene Sorten, allein in die Wiesen im Süden der Insel stecken sie über 100 000 Zwiebel. Im Sommer verbreiten die Rosen ihren betörenden Duft. Das Foto zeigt die im italienischen Stil angelegte, von Zypressen gesäumte Blumen-Wassertreppe. Der Herbst auf der Mainau beschert dann eine Dahlienpracht – ein betörendes Farbspiel der ausgefallensten Züchtungen: paeonien-, pompon-, seerosen-, kaktus- und anemonenblütige. Gärtnerherz, was willst Du mehr? Aber die Insel mit ihrem milden Klima betört

nicht nur mit Blumen. Im Park mit seinen Wegen, Hainen und Figuren lassen sich rund 500 verschiedene Arten von meist seltenen Bäumen mit den verschiedensten Blättern, Stämmen und Kronen aus fast allen Kontinenten bewundern. Eindrucksvoll sind die riesigen Mammutbäume, die Zedern und die Tulpenbäume. Die dunklen Zypressen und die im Sommer ins Freie gestellten Zitronen und Olivenbäume verbreiten südliches Flair. Großherzog Friedrich von Baden, der 1853 die Mainau erwarb, ließ diese Baumsammlung anlegen – Arboretum sagen die Lateiner dazu. Vieles zu entdecken gibt es auch im Palmenhaus und in der Orchideenschau. Das Schmetterlingshaus ist das größte in Deutschland.

Und diese Insel hat ein prächtiges barockes Schloss, im 18. Jahrhundert geschaffen vom berühmten Baumeister des Deutschen Ordens, Giovanni Gaspare Bagnato. Der Orden hatte die Insel jahrhundertelang in Besitz. Bagnato muss sie wohl über alles geliebt haben. Seine letzte Ruhe fand er in der Schlosskirche, die er zusammen mit dem genialen Bildhauer Joseph Anton Feuchtmayer und dem Maler Franz Joseph Spiegler zu einem barocken Juwel gestaltete. 1803 musste der Komtur des Ordens das Schloss verlassen, die Mainau kam über das Haus Baden an eine Nebenlinie des schwedischen Königshauses. Es war Graf Lennart Bernadotte, der 1932 in den Besitz der Insel kam. Er hat seine „kleine kokette Dame" zu einem kleinen irdischen Paradies gemacht.

The Lady in the Flower Dress

"Mainau is like a coquettish little lady, always requiring attention, more love and especially new clothing." This is how Count Lennart Bernadotte, who died in 2004, described his island. By clothing he obviously meant the constantly changing floral splendour of the island. Already in the 19th century the island, with its exquisite nature and inspiring castle complex, drew both travelers and authors alike. Since then the island has attracted crowds of visitors. Especially, when in season, the island lying in the Uberling Lake truly resembles a sea of flowers. In February and March the first spring flowers begin to bloom. With the blossoming of snowdrops, crocuses and winter aconites, the sadness of winter is easily

forgotten. The blossoming of daffodils and tulips eventually follows. Spring on Mainau Island would certainly be different without these beautiful plants. The gardeners plant approximately 400 different varieties all year round. In the meadow in the south of the island alone there are over 100,000 bulbs. In summer, the roses spread their beguiling perfume. The photo depicts an elaborate, Italian styled, flowered watercourse lined with cypress trees. On Mainau Island in autumn one can see the wondrous dahlias as they create a beguiling array of riotous colour.

Kanon der Kirchenglocken

Das Hinterland des Bodensees zieht Leute an, die es ruhig und beschaulich wünschen. Eine solche stille Ecke ist das nur wenige Kilometer von den Ufern des Sees entfernte Deggenhausertal. Dieses von dem Flüsschen Rotach munter durchströmte Tal ist eingebettet zwischen den Höhenzügen von Gehrenberg, Heiligenberg und dem Höchsten. Mit Höhen von über 700 Metern steht das Gebiet in merklichem Kontrast zum milden Bodenseeklima. Man schätzt die frische Luft in der Höhe besonders bei schwülen Tagen am Bodensee, ebenso an Herbst- und Wintertagen, wenn sich eine Nebeldecke über den See legt. Es sind kleine Dörfer, die sich entlang der Rotach reihen. Einige gehörten zum fürstenbergischen Heiligenberg. Sie sind wie die ehemals geistlichen Gebiete des Konstanzer Domkapitels und des Klosters Salem mit dem Ende des Alten Reichs an Baden gefallen. Die katholische Prägung äußert sich bis heute in vielen sakralen Zeichen: Kirchen, Kapellen und Feldkreuzen. Allein in der 4300-Seelen-Gemeinde Deggenhausen bestehen sechs Pfarrkirchen, das Sonntagsläuten wird so zu einem vielstimmigen Kanon von einem Kirchturm zum anderen. Das Foto bildet die auf einem Hügel thronende Dreikönigskirche von Urnau ab. Sie wird erstmals 1275 genannt. Der Landstrich profitiert von seiner ländlichen Bescheidenheit. Die Gäste, vielfach Familien, schätzen die Ruhe und die Entspannung sowie die abwechslungsreiche Landschaft. Wer das Gebiet erwandert oder mit dem Rad erkundet, der kann sich am raschen Wechsel von Wald und Wiesenland erfreuen. Auffallend sind die zahllosen Gehölze und Hecken. Ein Bächlein ums andere gurgelt, und viele Bauernhöfe liegen

freundlich über die Hänge hingestreut. Durch das Gebiet verläuft die vierte Etappe des Jubiläumswegs, ein 111 Kilometer langer Wanderweg, der 1998 zum 25-jährigen Bestehen des Bodenseekreises ausgeschildert wurde. Und es gibt auch Glanzpunkte in diesem Gebiet. Da sind einmal die beherrschenden Höhen von Heiligenberg, Höchsten (837 m) und Gehrenberg, die prächtige Panoramablicke auf den Bodensee und die Alpen gewähren. Bevorzugt im Spätherbst und Frühjahr werden sie von den Bewohnern in den Niederungen des Bodensees besucht. In dem mit viel Kunst und landesfürstlicher Tradition versehenen Heiligenberg steht das großartigste Renaissanceschloss des Bodenseegebiets. Nicht weit entfernt liegen der Ilmensee und das Pfrunger-Burgweiler Ried mit seiner das Nass mögenden reichen Pflanzen- und Tierwelt. Das Naturschutzzentrum des Schwäbischen Heimatbundes informiert dort über dieses zweitgrößte Moor Südwestdeutschlands. In der Riedlandschaft gründeten 1824 Pietisten aus Korntal die Gemeinde Wilhelmsdorf, die noch heute ein evangelisch-diakonisch-sozialer Mittelpunkt für das ganze schwäbische Oberland ist.

Übrigens: Das Deggenhausertal schmückt sich oft mit dem Attribut „Tal der Liebe". Darüber wurde schon viel gerätselt. Unter mehreren Deutungsversuchen gefällt ein ganz sympathischer. Er führt in die Nachkriegszeit, in der die Versorgungslage bekanntlich schlecht war. Damals sollen die hamsternden Frauen und Kinder aus umliegenden Städten wie Markdorf und Friedrichshafen von den Bauern im Deggenhausertal stets gut versorgt worden sein.

An Idyllic Meadow Valley

Deggenhausertal is a quiet corner of the most sparsely settled area of the Lake Constance district and is located mere kilometers away from the lakeshore. This valley, with the Rotach River running through it, nestles between a range of hills including *Gehrenberg*, *Heiligenberg*, and *Höchsten*. At a height of over 700 meters the area has a noticeable climatic contrast to the rest of the Lake Constance region. It's easy to appreciate the fresh air at this elevation, especially on humid days. The same is true in autumn and winter when a layer of fog covers the lake. Small villages line the banks of the Rotach. Some of these villages are part of Heiligenberg, which once belonged to the Princely House of Furstenberg. The villages, like the former Ecclesiastical Chapters of

Constance and *Salem* Monastery, came under the control of *Baden* at the fall of the Old Reich. The influence of Catholicism can still be seen today in chapels, churches and field crosses in the area. In Deggenhausen, with a population of only 4,300, there are no less than six parish churches. The ringing of the bells on Sundays creates melodies that echo between the church steeples. The photo depicts a view of the *Dreikönigskirche* in *Urnau*, perched on a hill. The church dates back to 1275.

„Des Herrgotts Kegelspiel"

Der Hegau: so schön kann Deutschlands tiefer Süden sein. Es ist der Hegau. Alles wirkt heiter, vielfältig, weit und sanft, schmeichelt dem Auge. Da wundert es nicht, dass Viktor von Scheffel, ein viel gelesener Schriftsteller des 19. Jahrhunderts, von dieser Landschaft immerzu schwärmte. Er sprach von „des Herrgotts Kegelspiel". In der Tat, es sind markante, isoliert stehende Kegelberge, die dieser Landschaft ihren Charakter geben, wie beim echten Kegelspiel sind es neun, wenn man den Wartenberg mitzählt. Auf dem Foto sehen wir am rechten Bildrand den Hohenstoffeln, davor den mit einem Waldkranz bekrönten Hohenhewen, dann den eher breiten Mägdeberg und den steil aufragenden Hohenkrähen, dahinter den berühmtesten des Ensembles, den Hohentwiel nahe der Stadt Singen. Der höchste Berg ist mit 844 Metern der Hohenstoffeln, der wuchtigste der Hohentwiel. Das einstige Zwergstädtchen Engen hat sich in den letzten Jahrzehnten vervielfacht. Seine Altstadt steht komplett unter Denkmalschutz. Am Horizont ist der Überlinger See auszumachen. Der Wettergott hat dem Fotografen allerdings keine so klare Sicht gewährt, um die Schweizer Berge exakt einzufangen, gönnt ihm dafür jedoch einen prächtigen Regenbogen und einen weiten Himmel. Die Kegelberge zeugen von Vulkanen und vulkanischen Ausbrüchen, die vor 10 bis 15 Millionen Jahren während der Tertiärzeit erfolgten. Hier an einer Schwachstelle der Erdkruste konnte Schmelze aus dem Erdinneren hochsteigen und als hartes Basalt- oder Phonolith-Gestein erkalten. Als dann im Laufe der Jahrmillionen die Landschaft abgetragen wurde, boten die harten Gesteine der Erosion kräftigeren Widerstand als die weicheren umgebenden. „Des Herrgotts Kegelspiel" war geschaffen. Die für Feinde kaum einnehmbaren Hegauberge dienten schon in vorgeschichtlicher Zeit als Kult- und Zufluchtsorte. Auf allen Gipfeln thronen heute noch Burgruinen. Die Festung auf dem Hohentwiel widerstand im 30-jährigen Krieg fünf Belagerungen. Sie wurde 1800 auf Anweisung Napoleons geschleift. Der Hohenkrähen ist kleinster, steilster und zugleich markantester Kegel, einst mit einer krönenden Raubritterburg. Der Mägdeberg bekam den Namen der Legende nach durch die Wallfahrt der englischen Königstochter Ursula, die mit Tausenden Mägden an seinem Fuß lagerte. Vom Höwenegg, vier Kilometer südlich von Immendingen, blieb infolge eines alten Basaltabbaus nur noch ein tiefer Steinbruch übrig. An den südlichen Hangfüßen besteht, im Sedimentbereich eines ehemaligen Kratersees, eine der wichtigsten tertiären Fossilienfundstätten Deutschlands.

God's Game of Skittles

Germany's 'Deep South' can be stunningly beautiful. An example of this beauty is Hegau. The setting is so majestic and serene it makes it hard to believe your eyes. It's not surprising then that the famous author of the 19th century, *Viktor von Scheffel*, raved about this landscape when he spoke of "God's Game of Skittles". In fact it's the rugged and insular conical mountains that give this area its character. Just like a regular game of skittles, if you include *Wartenberg*, there are nine all together. On the right edge of the photo we can see the *Hohenstoffeln*. In front of it with its wreath of forest is the *Hohenhewen*, then the wider *Mägdeburg* and the soaring *Hohenkrähen*. In the background, near the city of Singen, is the most famous of the bunch – the *Hohentwiel*. On the horizon, the Überling Lake can be seen. The so called *Kegelberge* look like volcanoes, however they aren't. Geologists refer to them as "embryonic volcanoes". Sometime around 15 million years ago, during the Miocene Period, molten volcanic material pushed its way out through a weak spot in the earth's crust. This volcanic material eventually cooled and formed into basalt, or more properly phonolite, rock. Over the course of millions of years the landscape was worn away, the hard rock resisted against the general erosion of the softer surroundings, and thus, "God's Game of Skittles" came into being.

Dr. Manfred Thierer,
geb. 1941 in Hüttisheim bei Ulm, wohnt in
Leutkirch. Bis 2005 Professor für Geographie am
Seminar für Didaktik und Lehrerbildung in Weingarten; Aktivitäten in der Heimatpflege, unter
anderem beim Aufbau der Museen in Leutkirch
und Schmidsfelden; Verfasser und Herausgeber
zahlreicher landeskundlicher Publikationen und
ausgewiesener Kenner der Gegend zwischen
der Schwäbischen Alb und dem Bodensee.

Markus Leser,
geb. 1964, wohnt in Bad Waldsee. Er begann
als Sportfotograf bei Agenturen in München
und Stuttgart. Für seine Arbeiten erhielt er
etliche nationale und internationale Auszeichnungen. Seit 1996 arbeitet er selbstständig
in Bad Waldsee. Motive mit bewegenden Mo-
menten sowie Reportagen, Reisen und Autos
sind seine bevorzugten Themen. Am Herzen
liegt ihm immer auch das Festhalten von Mo-
tiven seiner oberschwäbischen Heimat.